# 民航服务人员形体训练

MINHANG FUWU RENYUAN XINGTI XUNLIAN

主　编◎魏全斌
副主编◎曾远志　陈　华　曹　青　高维岩
参　编◎杨　婷　颉　吉　李若萍　汪菊红

**图书在版编目(CIP)数据**

民航服务人员形体训练/魏全斌 主编.-北京:北京师范大学出版社,2014.10（2024.10重印）
ISBN 978-7-303-17827-8

Ⅰ. ①民… Ⅱ. ①魏… Ⅲ. ①民用航空－乘务人员－形体－健身运动－职业教育－教材 Ⅳ. ①F560.9

中国版本图书馆CIP数据核字(2014)第173724号

营销中心电话　010-58802755　58800035
编 辑 部 电 话　010-58802883
**教材意见反馈　gaozhifk@bnupg.com　010-58805079**

出版发行：北京师范大学出版社 www.bnup.com
　　　　　北京市西城区新街口外大街12-3号
　　　　　邮政编码：100088
印　　刷：天津市宝文印务有限公司
经　　销：全国新华书店
开　　本：787 mm×1092 mm　1/16
印　　张：12.5
字　　数：235千字
版　　次：2014年10月第1版
印　　次：2024年10月第18次印刷
定　　价：38.00元

策划编辑：姚贵平　曹　巍　　　　责任编辑：曹　巍
美术编辑：高　霞　　　　　　　　装帧设计：高　霞
责任校对：李　菡　　　　　　　　责任印制：马　洁

# 全国高等职业学校航空服务专业系列教材建设<br>企业专家指导委员会名单

（按姓氏笔画排序）

# 前言
PREFACE

《国家中长期教育改革和发展规划纲要（2010—2020年）》明确提出：中等职业教育与高等职业教育协调发展，构建现代职业教育体系，增强职业教育支撑产业发展的能力。职业教育为社会、经济和人的发展服务成为职业教育理论工作者与实践工作者的共识。

近年来，随着社会、经济的进步，民航业得到空前的发展。民航业的大发展需要道德高尚、素质优良、技能娴熟、体质过硬的一专多能的民航服务人才。正因为如此，一批办学理念先进、教学与实习实训设备精良、师资力量雄厚的民航服务类学校或专业应运而生，为促进民航服务业的发展做出了重要贡献。

要培养高素质的民航服务人才，离不开高质量的学校，离不开高水平的教师，更离不开理念先进、内容丰富、形式新颖的精品教材。为此，我们组织全国行业职业教育教学指导委员会、全国中等职业教育教学改革创新指导委员会、职业教育教学研究机构的专家，全国近20家民航服务企业的行家，以及具有丰富的民航服务专业教学与教材编写经验的优秀教师共同编写了本套“全国职业院校航空服务专业‘十二五’规划教材”。

形体训练是一项比较优美、高雅的健身项目，主要通过舒展优美的舞蹈基础练习，结合古典舞、身韵、民族民间舞蹈进行综合训练，可塑造人们优美的体态，培养高雅的气质，纠正生活中不正确的姿态。《民航服务形体训练》更是针对民航岗位特点，制定了一整套适合民航从业人员辅助训练的形体教材。该书对塑造民航服务人员的优雅的形体和姿态有非常好的指导意义。

本教材由职业教育专家魏全斌担任主编，由曾远志、陈华、曹青、高维岩担任副主编，杨婷、颉吉、李若萍、汪菊红参与了本书的编写工作。

该教材在编写的过程中，还采纳了四川西南航空职业学院、四川西南航空专修学院、成都航空旅游职业学校等学校专业骨干教师对该教材提出的建设性的意见与建议。同时，还得到了深圳宝安国际机场安检站站长赵萍、双流国际机场安检站副站长夏静等企业专家的指导，在此一并表示感谢。在编写过程中，我们还参阅不少相关论著与资料，并引用了一些最新发表的例文，由于选材广泛，在书中没有一一注明出处，特向有关作者致以衷心的感谢。

由于时间及编写人员水平所限，书中难免有不尽人意之处，恳请各位广大读者在使用中提出宝贵意见，以便重版修订时加以完善。

编 者

2014年7月

# 目录

CONTENTS

## 理　论　篇

第一章
民航服务人员
形体训练理论



## 基础实践篇

第二章
民航服务人员
形体姿态培养训练

## 目录

CONTENTS

# 职业拓展篇

目录
CONTENTS

# 目录
CONTENTS

# 理论篇

## 第一章 民航服务人员形体训练理论

学习任务

了解美学起源，探索民航和民航服务人员形体训练的关系，掌握相关的形体训练知识，制定专业的形体训练目标。

# 第一节
# 形体美概述

通过本节的学习，首先要了解什么是美？什么是形体美之后，才能够初步学习民航形体训练，用什么样的方法让自己的形体变得更健康、更优雅、更标准、更职业化。民航服务人员形体训练不是无源之水、无本之木，该课程是《美学》中的一门分支。为了能够更好地学习民航形体训练，我们必须先去了解它从何而来。

人是万物之灵长，日月之精华；在历史的浩瀚长河中，追求形体美是人类永恒的话题。形体美不是一个简单、抽象的话题，而是存在于每个人类个体本身的物质基础。要想保持健康、美丽、苗条的身材，就必须了解和掌握形体美的相关知识，领会其内涵与真谛，坚持训练，从而科学美体。

## 一、什么是美

随着历史的变迁、文明的进步与社会的发展，人类的民族文化、家庭背景、知识素养开始逐步产生巨大差异，但人们仍以不同的方式谈论着美、追求着美。美是什么？美有着很宽泛的概念，有着很广阔的范围。现代社会发展迅速，有很多信息和娱乐活动都是历史上所没有的，古人可能很难想象现在会有模特选美、舞蹈演员的形体美，电影明星、平面模特的样貌美，歌唱明星的声音美。这些都是人类对美的一种赞同、渴望、追求与向往。“美是什么？”这个看似简单的问题，一直是人类追问的“千古之谜”。难道上述的例子就是美吗？其实不然，现在的美有很多都是哗众取宠的美，以脱为美，以露肉为美，实际上已经脱离了人类对本质美的追求，不但低俗，败坏社会风气，也严重影响了青少年的身心健康。

美，一个既抽象又生动的文字，存在于社会与自然的领域中，它包罗万象，形态万千；它多样、游移而又模糊、迥异。古往今来，无数圣贤、哲人都以不同的方式从不同的角度阐述了美的本质。德国哲学家黑格尔说："美的形象是丰富多彩的，而美也是随处出现的……人类本性中就有普遍的爱美的要求……"苏联著名教育家苏霍姆林斯基说："美，是道德纯洁、精神丰富和体魄健全的强大源泉。"马克思说："社会的进步，就是人类对美的追求的结晶。"英国作家毛姆说："美是奇异的。它是艺术家从世界的喧嚣和他自身灵魂的磨难中铸造出来的东西。"对于美不同的人有不同的阐述，但亘古不变的美，是我们永恒不变的追求，是我们热爱生活的美好诠释。美是一种价值、一种社会现象，是人类文明至高无上的追求。但对于美的追求必须有物质基础做铺垫，离开人类社会就无美而言。生产劳动不仅创造了整个世界，创造了一切物质与精神财富，而且也创造了人，创造了美，创造了艺术。美是劳动实践的产物，美伴随着人类劳动实践而产生并发展，美是人本质力量的对象化。美源于生活并改变生活。

美是一门学问、一门艺术，是我们翻阅着的一本广博的书。对于美的概念，西方有科学的、系统的阐述。美学作为独立学科诞生于18世纪中叶。德国美学思想家鲍姆加登（Baumgarten，1714—1762）1750年把他的一部研究感性认识的专著命名为"Aesthetik"，其汉语意思就是"美学"，美学从此成为一门专业的学科。

Aesthetik，按照希腊词根的原意可翻译为"感觉学"，鲍姆加登长期在普鲁士哈列大学任哲学教授，启蒙运动中的哈列大学是莱布尼兹学派理性主义哲学的传播中心，鲍姆加登深受该派思想的浸淫。站在理性主义的立场上，鲍姆加登认为，美，在于感性认识的完善，他的那部以Aesthetik命名的著作就是围绕着如何以美的方式去认识事物而展开的。汉语将这个词译为"美学"，是从日本译文转译而来的，从对其中心意思的理解来看，这种翻译比较恰当。

事实上，美学思想自古以来就存在于哲学和文艺思想中，只是到了鲍姆加登时代才独立出来并得到专门的研究罢了。艺术学的历史也同样如此，历史都有大量关于文学和艺术的论述，但人们都没有把艺术当作专门的学问来对待。美学学科诞生以后，艺术研究似乎找到了理所当然的寄生之所，因为按照传统认识看来，艺术即是美，美学即是艺术哲学。德国古典哲学的集大成者黑格尔（Hegel，1770—1831）在他那部经典巨著《美学》中，一开始就宣布"我们的这门学科确切地说叫'美的艺术的哲学'"，他的观念可以看成是"美学等于艺术哲学"的传统思想的总结。

美学的诞生为民航服务人员形体训练课程奠定了科学的理论依据，给后来者指明了形体训练课程未来的发展方向。对于黑格尔巨著《美学》中"美的艺术的哲学"来讲，民航服务人员形体训练只是"美的艺术的哲学"中的一支分流。我们是站在巨人的肩膀上看世界。

难道美的本质真的不存在么？不能够有统一的概念么？如果真的是这样的话，为什么人们总可以感觉到审美中共同和永恒的东西呢？看来美的本质是存在的，但又是不能言说的，特别是不能给出统一的定义。正所谓："道可道，非常道。名可名，非常名。"美的本质是无法以正名的形式来获取的，它只能存在于具体的时代文化中，以具体的方式逐渐呈现出来。因为得不到的永远是最想要的，所以美成了人们永恒的追求。美源于生活、改变生活，也可以创造生活。追求美让我们的生活更美。

## 二、什么是形体美

随着历史文化的推进，形体美在全民健身中的影响也越发突显，形体美成了人们对美好人生的一种基本向往与追求。近年来，在体育健身娱乐中出现了美化形体的"审美完善"新说。形体美的理论研究滞后于实践，并且形体美训练是近几年发展流行起来的。在现有的体育专业辞书中，唯有《体育科学词典》收录了"形体美训练"的条目。据阐述，形体美包含了外表美与内在美。外表美侧重于形式，主要是指由生理解剖特点所造就的身体之美。内在美则是核心，它是借助形体将人的思想、气质、情操、风度等深层次与本质的东西表现出来的美。

形体美是人本质力量与感性轮廓在体育运动实践这个特定领域中的感性显现，它

图1-1-1　芭蕾舞

反映的是人自身与运动的审美关系，如健身、体操、舞蹈、花样滑冰、瑜伽等。由于形体美是以人为审美对象，以人体运动为主要手段，因此，形体美是人的本质力量在自身的直接展示，是人的本质力量在自身的直接确证和实现。具体而言，形体美就是人的身体曲线美，是指人的躯体线条结合人的情感和品质，并通过形象、姿态展现于欣赏者眼前的一种美。形体美是由视觉器官所感知的空间性的美，其特点是感知身体外轮廓线，线的运动可以构成具有广度和厚度的空间形体。点动成线，线动成画，画动成体。

图1-1-2 形体训练

形体美有人的形体美与物的形体美之分，物的形体美纯属外表之美，而人的形体美则是外在与灵魂的结合。形体美是由内向外散发的美，真正的美乃是肉体与精神的结合，而精神之美则又包括了温柔、情爱、雅量、娴静、静养等因素。形体美是能动的，通常所说的形体美是一个集合概念，是将自然美、创造美两者融合统一起来，从自然美演进到创造美。自然美即基础美，是遗传带来的先天的身体之美、气质之美。创造美则主要是在自然美的基础上，通过后天的能动、创造活动而获得的。形体美训练或称形体运动（练习）就是获得创造美的主要途径。女性以柔美和秀美的曲线为美，男性以粗犷强壮和威严为美，但是，先天的身体形态条件好，只能称作体形好，而非形体美。

总之，形体美指人的自然形体经后天塑造而获得的融外表美与内在美于一体的综合美。它是由视觉器官所感知的空间性的形体美，通过对形体美的品味和欣赏，可以升华人对体育美的鉴赏力，可以深化对审美的理解与追求。形体美是一个科学概念，只有在体形好（或称自然美）的基础上经过后天训练，达到外表美与内在美的和谐统一，才是科学意义上的形体美。根据形体美的内涵，自然美是形体美的前提，没有良好的先天形态条件，很难在后天的形体训练中获得形体美的预想效果。反之，没有科学合理的形体练习，纵使有良好的自然美，也很难获得理想的形体美。每个人都希望自己的体形匀称、协调、健美，都在不断地追求形体美，想从而在自然美的基础上通过创造美来改变与完善自身的形体。因此我院民航专业开设民航服务人员形体课程具有重大意义。

形体美不但要展现体形美、姿态美和动作美，还要充分展现精神美。体形美是一种自然的美，比较集中地表现在比例均衡、对称、和谐等形式上。体形美是指人的整体指数合理和人体各部位之间的比例关系恰当，形成优美和谐的外观特征。人体只有在四肢、躯干、头部及面部五官的健康、协调、美感等综合特征下才能显示出体态美、线条美、姿态美和外部形态与内部情感的和谐统一美。人体是一个整体，是没有办法进行分割的，所以形体也应该是和谐统一的美。姿态是指一个人在静止或活动中所表现出来的身体姿势和举止神情。姿态美是指人体在空间运动和变化的样式，它是风度的语言、优美的姿态与造型，就像一首诗述说着人的内心与外在世界。每个人无论何时何地，不管做与不做动作，都有姿态美与不美的问题。所谓“立如松、坐如钟、行如风、卧如弓”就是古人对日常生活中立、坐、行等基本姿态提出的要求。一个有着协调的肌肉、匀称的体躯、柔韧的肢体的身型，优雅的姿态又可赋予其独特的风采。在教学中如能注意培养学生优美的姿态，可使学生形成矫健、完善的体格，灵巧、机敏的动作，从而促进良好的精神面貌、气质、性格的塑造。优雅洒脱的身姿能使人赏心悦目，精神振奋。决定姿态美的重要因素是全身的骨骼，尤其是脊柱和下肢骨。一般人只要肥瘦适中、姿态正确，体形都会显得挺拔、优美和充满活力。一个人能直着腰板坐立，本身就是美的体现，因为“站、坐、走”三姿是姿态美在生活中的重要体现形式。形体课教学应摒弃长期以来注重体形训练的弊端，通过理论知识的导入、基本姿态美感的培养、三姿实训等教学方法和手段，来塑造形体姿态美。姿态美乃形体美的重要组成部分之一。

动作美是运动中健康能力、器官系统机能、表现能力和精神风貌的体现，是形体美的一种表现形式。动作美不仅来自于各种舞姿和体育运动，还来自于人们日常生活的动作。日常生活中的动作美要求人要有正确的站、坐姿势，给人以一种文明、温雅的美好印象。站立时，身体重心平均地放在两腿边，两腿自然挺直，小腹微收，自然挺胸，上体保持正直，两肩平齐，自然后张，两臂自然下垂，头正颈直，使身体保持一条线，这样的站姿给人以挺直高雅的美感。坐时，上身要自然挺立，两臂前放于双膝之上，两腿并拢并自然屈曲，两脚平列或前后稍微分开。这样，使人看了感到舒服，又可减轻自身的疲劳，增进体型的健美。动作美要求人要有正确的行走动作。行走的正确姿态是轻、灵、巧。走路时上体要挺，头正平，自然举步，胸领肩随，轻巧灵活，充满勃勃生机。

不同的举步形态，给人以不同的美感。矫健的步伐给人以健康活力感；稳重的步伐给人以沉稳、庄重的斯文感；摇头晃脑、歪歪斜斜的步伐，则给人庸俗、丑陋、轻薄的印象。一般而言，男性步态应矫健、稳重、洒脱；女性步伐应轻盈、飘逸，达到对称与和谐的美感。动作美还要求动作必须敏捷、灵活、从容。动作迟钝或迟缓，步履蹒跚，都不能引起人们的美感；动作敏捷、从容则给人以轻柔的美感；动作的敏捷与灵活是人体端正和匀称发展的标志。

图1-1-3 形体训练

英国哲学家培根说："相貌的美高于色泽的美，而秀雅合适的动作的美，又高于相貌的美，这是美的精华。"体形美、姿态美、动作美是形体美的核心，形体的完美和正确的身体姿态正在某种程度上反映了有机体机能的完美程度，也反映一个人的精神面貌和气质。形体训练是练习者通过对形体的认知，运用科学的健身理念和方法，通过各种身体练习以增进健康、增强体质、塑造体形、培养姿态、陶冶情操，是一个有目的、有计划、有组织的教育过程。体形美、姿态美和动作美和谐统一地塑造了形体美。形体美是统一的美、和谐的美、完善的美。

小贴士

形体美是人类自我创造的产物。形体美的发现与创造随着人类改造世界、改造自身的活动而产生、延续和发展。在原始人类的生活和劳动生产中，就已经出现了对自我身体形象的自觉认识。这种自觉认识一方面是与原始人类的劳动活动相联系的认识发展的特定结果，另一方面也是人类审美创造活动的必然心理结晶。当人类在原始状态下开始并发展了自己的劳动活动之后，在一定历史条件下，便必然会走向对自我本身的特定认识道路，包括对自己身体的种种发现，并由无意识的发现到有意识的自觉发现。近年来，越来越多的女性通过各种健身形式改善自身的外形结构，努力塑造一个健康的形体，保持端庄而又充满活力的外表和饱满的精神面貌，使自己在生活和工作中充满自信。由此可看出形体美在我们的生活中是多么的重要。

# 第二节
# 民航服务人员形体训练概述

本节我们主要探讨什么是民航、民航和民航服务人员形体训练的关系，只有先清楚学习的方向，才能知道如何学，如何学好。

## 一、民航服务人员形体训练产生的背景

民航即民用航空，是指使用各类航空器从事除了军事性质（包括国防、警察和海关）以外的所有的航空活动。民用航空是航空的一部分，同时以“使用”航空器界定了它和航空制造业的界限，用“非军事性质”表明了它和军事航空性质的不同。《国内投资民用航空业规定（试行）》已于2005年8月15日起正式实施。改革开放以来，中国民航持续快速地健康发展，规模、质量和效益跃上一个新台阶。20世纪50年代以后，民用航空的服务范围不断扩大，进入全球化、大众化时期。喷气机进入民航，使民航系统发生了变化。航空公司方面，喷气机的出现，使其实现远程化和大众化。航空还分为狭义航空和广义航空，狭义航空指的是载人或非载人的飞行器在大气层中的航行活动；广义航空指进行航空活动所必须的科学，同时也泛指研究开发航空器所涉及的各种技术。航空活动仅限于大气层内。大气层的厚度从地面算起为150~200km，其中民航的巡航高度已为13.5~18km。今天民用航空成为一个国家的重要经济部门。商业航空的发展主要表现在客货运输量突飞猛进地增长，定期航线密布于世界各大洲。由于快速、安全、舒适和不受地形限制等一系列优点，商业航空在交通运输结构中占有独特的地位，它促进了国内和

图1-2-1　国际民航组织标志

图1-2-2　世界首架零排放飞机

国际贸易、旅游和各种交往活动的发展，使在短期内开发边远地区成为可能。

## 二、民航和民航服务人员形体训练的关系

随着机场的扩建，飞机数量的增加和质量的提升，对民航服务人员的需求也急剧扩增。同时其质量的提升也迫在眉睫。这里所说的质量指的是民航服务人员的形体素质要求与服务质量的提升。

航空服务是民航衍生出的第三产业，对于作为第三产业的航空服务的依据和准则是随着航空服务工作的复杂化、多元化而改变的。各个国家的航空服务标准与规范迫切需要修订、完善，对一些新出现的问题应该制定出解决方案，例如民航员工怎样提高服务的质量？高质量服务的标准是什么？高素质的民航服务人员的核心要求又是怎样的？这些问题都相伴而生，有待我们制定出相应的衡量标准。

在航空服务业的发展过程中，民航服务人员的形体素质与职业形象非常重要。首先，要从工作人员的自身形体入手，身体外表轮廓的线条美是留给人的第一印象。有针对性地塑造自身形体，能够促进双方互动，推动工作顺利开展。一个不具备形体美的民航服务人员，是不合格、不具有亲和力的。一个没有职业形象的空姐，直接或间接地影响着航空服务的质量，端庄、大方的外表才是旅客喜爱的民航服务人员的形象特征。因此作为一名合格的民航员工，要树立和塑造完美的形象，不但要提高包括仪容仪表、语言行为等方面的素质，更要加强自身的修养，做到“内慧外秀”。第一印象对空姐来说是至关重要的 。“你不会有第二次机会来留下良好的第一印象。”

图1-2-3

所以我们首先要塑造一个完美的形体并打造一个完美的形象，从第一印象上收获成效，逐步、渐进地达到完美服务的目标。所以说民航服务人员形体训练是提高航空服务质量的重要一环，应高度重视。通过形体训练塑造与完善我们的形体，从而让旅客感受到美的体验、美的回味或美的感触。民航服务人员形体训练的最终目的是训练自我以达到民航企业的用人标准，是民航服务人员在自身专业的前提下对美的一种追求。例如女人的化妆标准都是不一样的，模特和空姐的妆容又是不一样的，所以说是民航服务人员在自身专业的前提下对形体美的一种追求、一种向往，为达到这种愿望的同时，就必须用形体训练去磨炼自己，纠正自身身体上的缺陷，修正一些形体上的缺点，例如高低肩、长短腿、弯腰驼背等。

## 三、什么是民航服务人员形体训练

民航服务人员形体训练是一门具有多元和立体性特征的学科，同时又具有宏观性、历史性、文化性和科学性风格特色。民航服务人员形体训练是指通过人体动作、手势、姿态等人体语言作为艺术表达的工具，以形体训练为手段，用以展现人的思想感情，完善自身形体标准以提高服务质量，以达到现代民航企业的用人标准。它的造型姿态、动感变化、节奏律动吸取了中国古典舞、芭蕾以及瑜伽等各种训练形式的训练方法，凝聚了中国古典舞在形与神、意与情上的审美特征和风格特点。所以形、神、劲、技的交融统一是民航服务人员形体训练的最高境界。民航服务人员形体训练是民航服务人员达到形体美与高质量服务的根本途径。

图1-2-4 形体训练

民航服务人员形体训练的目标是培养德、智、体、美全面发展，能适应社会主义市场经济建设的需要，能适应民航企业发展需要，能从事国内外民航服务的专业型、技能型人才。鉴于该专业培养目标和培养方法的特殊性，在教学中采取理论培养与职业技能培训相结合的方式，目的是为民航培养更多接受过高等教育的实用型、技能型人才。

小贴士

形体训练，是外环境对机体的一种刺激。这种刺激具有连续、协调、速度、力量的特点，使肌体处于一种运动状态。这种状态下中枢神经将随时动员各器官及系统使之协调、配合肌体的工作。经常参加形体训练，就能使神经活动得到相应的提高。除此之外，形体训练还要求动作迅速、准确；而迅速、准确的动作又要在大脑的指挥下来完成。脑是中枢神经的高级部位。形体训练时，脑和脊髓及周围神经要建立迅速而准确的应答式反应，而脑又要随时纠正错误动作，储存精细动作的信息。经过经常、反复不断的刺激，提高人的理解能力、思维能力和记忆能力，从而使大脑更加聪明。所以说，经常参加形体训练，可以加强肌体神经系统的功能和大脑的工作能力，使之更加健康和聪明。

# 第三节
# 民航服务人员形体美的职业要求与评价体系

本节我们主要学习航空公司对民航服务人员形体美的职业要求，判断自我属于哪种形体美类型，明确该类型的训练目标，深入了解形体美评测知识，提高自身层次。

航空公司对于本公司选聘的人才有着严格的职业要求。首先，飞机客舱服务是民航运输服务的重要组成部分，它直接反映了航空公司的服务质量。在激烈的航空市场竞争中，直接为旅客服务的空姐的形象和工作态度，对航空公司占领市场、赢得更多的回头客起着至关重要的作用。其次，民航地勤服务工作人员的服务仪表仪容、服务意识和职业道德基础、服务语言应用能力、应变能力、自我控制能力、群体合作能力、社会交际能力等也体现了服务质量，展示了企业形象。对于航空服务人员的职业要求主要包含以下几方面。

## 一、民航服务人员应具备的素质

### （一）形象素质

首因，是指首次认知客体而在脑中留下的第一印象。首因效应又称“第一印象效应”。在人与人第一次交往中给人留下的印象，在对方的头脑中形成并占据着主导地位的效应。

首因效应也叫首次效应或优先效应，它是指当人们第一次与某物或某人相接触时留下的印象。个体在社会认知的过程中，通过“第一印象”最先输入的信息对客体以后的认知产生作用。第一印象作用最强，持续的时间也长，比以后得到的信息对于事物整个印象产生的作用更强。

首因效应对于民航服务人员在工作岗位上有着决定性的意义。民航服务人员的形象素质给国内外旅客的第一印象，在某种程度上体现了一个国家的文化，一个民族的整体风貌，同时也代表了公司的形象。好的形象素质将会给公司带来更好的效益。优质服务有利于树立企业形象，有利于促进公司的经济效益。所以不管从自身工作方面来讲还是从航空公司、民航系统乃至国家形象的大方面来看，民航服务人员都应具备良好的职业形象素质，从而适应新时期对民航企业的需求，并成为航空公司的品牌代言人。

（二）身体素质

俗语说：身体是革命的本钱，没有一个健康、强壮的身体作为坚强的后盾，是没有办法胜任任何工作的。现在的民航企业没有领导会愿意雇用林黛玉似的员工。有一个良好的身体素质来应对工作，是对工作的负责、对生命的热爱。民航员工受工作环境的影响，空乘和地勤服务人员需要长期进行高空作业或地面服务，对身体素质的要求非常高。所以，要想成为一名优秀的民航员工，不但要在日常的工作、生活和学习中持之以恒地磨炼自己，反复地总结思考，同时还要有一个健康的体魄。因此，只有坚持锻炼身体，提高身体机能，才能在工作中更好地为旅客提供优质的服务。

（三）技能质素

民航服务人员应当具有良好的民航服务技能与技巧，在工作中注重体现服务的质量性、规范性、针对性和安全性的特点，更好地为乘客提供优质的服务。首先，刻苦学习业务知识。航空服务人员需要掌握许多的知识，比如，在飞往美国的航班上，空姐首先要掌握中国和美国的国家概况、人文地理、政治、经济等基本内容，要了解航线飞越的国家、城市、河流、山脉以及名胜古迹等，其次，还要掌握飞机的设备、紧急情况的处置、飞行中的服务工作程序以及服务技巧，等等。可以说，民航服务人员不仅要懂天文地理、还要掌握各种服务技巧和服务理念；不但要有漂亮的外在美，也要有丰富的内在美。其次，形成较强的服务理念和服务意识。在激烈的市场竞争中，服务质量的高低决定了企业是否能够生存，市场竞争的核心实际上是服务的竞争。民航企业最关心的是旅客和货主，要想在市场竞争中赢得旅客，就必须提高服务意识和服务理念。服务意识是经过训练后逐渐形成的，是不能用规则来保持的，它必须融化在每个航空服务人员的骨子里，成为一种自觉的思想。

（四）自身修养

民航服务人员培养优雅的气质、风度以及亲和力，首先应注意仪表的整洁、端庄，其次应当讲礼貌，举止稳重，行为文雅，最后应谈吐风趣、有分寸。一个人的形态、举止十分重要，不管自己是否意识到，每个人都是在用自己的整个身体表现自己。

民航服务人员还要懂得沟通。美国心理学家伯特・梅拉比安曾经提出一个信息表达公式：7%语言＋38%声音＋55%的表情与动作举止。由此可见，肢体语言在语言信息表达中占有绝对重要的地位。语言本身代表一个人的属性，一个人的成长环境会影响其说话习惯，不管是地勤服务还是空乘服务都要懂得沟通的艺术。不同的服务语言往往会获得不同的服务结果，因此，对老年旅客的沟通技巧、对特殊旅客的沟通技巧、对发脾气旅客的沟通技巧、对重要旅客的沟通技巧、对第一次乘飞机的旅客的沟通技巧、对航班不正常时服务的沟通技巧等都要掌握。在空乘服务中，一句话往往会带来不同的结果。

民航员工自身修养的核心是吃苦耐劳的精神。空姐在人们的眼中是在空中飞来飞去的令人羡慕的职业，但在实际工作中却承担了人们所想不到的辛苦：飞远程航线的时差，飞行航线旅客的种族不同，工作中遇到的困难和特殊情况随时都会发生，没有吃苦耐劳的精神，就承受不了工作的压力，如果一个民航服务人员是带着情绪去工作的，那么他（她）是永远做不好服务工作的。

## 二、民航服务人员形体美的类型、标准及评价

### （一）形体美的类型

人的体形是指人体解剖结构形成的外部特征，实际就是人体骨骼、肌肉、脂肪等的组成比例和分布状况。组成比例和分布状况的不同，构成了各种各样的体形。近年来，许多健美专家、学者从不同的角度对男女健美体形进行了大量的研究，把人体体形健美分为以下五种类型。

图1-3-1　形体训练

1. 力量型

力量型健美的特征是肌纤维特别粗壮，肌肉特别发达，线条轮廓特别明显，这是现代健美比赛中健美运动员所崇尚的体形。这种体形主要是采用杠铃、哑铃、单项或综合训练器械练习形成的，通过做各种身体力量练习，使全身的肌肉群都得到强有力的、协调的、匀称的发展。

2. 体能型

体能型健美的特征是肌肉发达、比例匀称，这是适于参加各种运动的体形。米隆《掷铁饼者》的塑像就是这种体形的典型代表。这种体形是采用多种器械和手段练习形成的。

3. 多姿型

多姿型健美的特征是肌肉发达而不多余。现代芭蕾舞演员、艺术体操运动员、健美操运动员和健身小组成员的体形多属于多姿型。这种体形多是通过体操化动作、舞蹈动作和轻器械练习形成的。这是现代女性倾慕和追求的体形。

4. 姿态型

姿态型健美的特征是将肉体美和姿态美两者相结合。塑造这种体形，除了采用各种身体练习来调整身高、体重和体围的比例外，还要约束自己的一举一动，力求规范化，从而形成自己独特的风度和姿态。这是现代生活中人们所追求的体形。

5. 适应型

适应型体形的特征是从自己的实际情况出发，针对性地采用身体练习，使身高、体重和体围比例更协调，充分发挥自己体形的优势，设法弥补身高的不足，塑造自己理想的体形。这是现代大众健美所追求的体形。

（二）形体健美的标准

形体美是人体健美的主要内容之一，体形的健美在很大程度上又取决于身体各部位体围的尺寸和相互间的比例。身高和体重的对应关系不但反映了一个人的形体美的程度，同时也反映了一个人的健康程度。身高主要反映骨骼的生长发育情况；体重反映骨骼、肌肉、脂肪等综合变化的状况；胸围则反映胸廓的大小及胸部肌肉的发育状况。因此，身高、体重、胸围被列为人体体形变化的基本指标。

表1-3-1　普通成年男子体形健美标准

| 身高/厘米 | 体重/千克 | 胸围 | | 上臂围 | 颈围 | 小腿围 | 大腿围/厘米 | 腰围/厘米 |
|---|---|---|---|---|---|---|---|---|
| | | 常态 | 深呼吸 | | | | | |
| | | /厘米 | | /厘米 | | | | |
| 153~155 | 50 | 94 | 97 | 32 | | | 48 | 65 |
| 155~157 | 52 | 94 | 98 | 32 | | | 49 | 65 |
| 157~160 | 54 | 95 | 99 | 33 | | | 50 | 66 |
| 160~163 | 56 | 97 | 101 | 33 | | | 51 | 66 |
| 163~166 | 58 | 98 | 102 | 34 | | | 51 | 68 |
| 166~169 | 61 | 99 | 103 | 34 | | | 52 | 69 |
| 169~171 | 63 | 100 | 104 | 35 | | | 52 | 69 |
| 171~174 | 65 | 100 | 105 | 36 | | | 53 | 70 |
| 174~176 | 67 | 102 | 107 | 36 | | | 54 | 71 |
| 176~180 | 70 | 103 | 108 | 36 | | | 55 | 72 |
| 180~182 | 72 | 103 | 109 | 36 | | | 55 | 73 |
| 182~184 | 75 | 104 | 110 | 37 | | | 56 | 74 |

表1-3-2　普通成年女子体形健美标准

| 身高 /厘米 | 体重 /千克 | 吸气后胸围 /厘米 | 腰围 /厘米 | 臀围 /厘米 |
|---|---|---|---|---|
| 154~155 | 47.5 | 88 | 58 | 88 |
| 155~158 | 48.5 | 88 | 58 | 88 |
| 158~160 | 50 | 89 | 59 | 89 |
| 160~163 | 51.5 | 89 | 59 | 89 |
| 163~166 | 53 | 90 | 60 | 90 |
| 166~169 | 54.5 | 90 | 60 | 90 |
| 169~171 | 56 | 92 | 61 | 92 |
| 171~174 | 58 | 92 | 61 | 92 |
| 174~176 | 60 | 94 | 64 | 94 |
| 176~180 | 61.5 | 98 | 66 | 96 |

女子体形的健美主要在于三围，即胸围、腰围和臀围。丰满而挺拔的胸部是构成女性曲线美的主要标志之一。乳房应丰满而富有弹性，并应有适度发达的胸肌作为依托，从而构成胸部优美的曲线。过分肥大松弛或过分干瘪的乳房都将影响女性的形体健美。坚实平坦的腹部和稍微纤细、苗条的腰部是女性曲线美的又一标志。腰腹周围过多地堆积着皮下脂肪，无疑会使人显得臃肿难看。丰满而适中的臀部能够构成女子形体又一优美曲线。臀部过分肥大同样会显得臃肿，有损于形体健美；而过于瘦小的臀部则表现不出体形的曲线。修长而有力的四肢也是女子形体美不可缺少的一部分。腿部应略长于躯干，这样可使身体显得修长而苗条；腿部既不能粗胖，也不能瘦长，而应有结实的肌肉，这样才能显出腿部优美的曲线。因此，健美的体形首要的是各部位比例匀称协调，按照分类当然以“多姿型”为佳。

表1-3-3

| | 完美比例指数 | 你的理想值 | 你的实际值 |
|---|---|---|---|
| 身　高 | 八个头身 | | |
| 体重（公斤） | 身高−112 | | |
| 胸　围 | 身高×0.515 | | |
| 胸下围 | 身高×0.432 | | |
| 腰　围 | 身高×0.370 | | |
| 腹　围 | 身高×0.457 | | |
| 臀　围 | 身高×0.542 | | |
| 大腿围 | 身高×0.305 | | |
| 注（计量单位为cm） | | | |

（三）形体健美的评价

形体健美是指健、力、美的有机结合。形体健美从自然美的角度来看，主要指谐调、丰满、有生机、有力量；从造型美的角度来看，应该是匀称、均衡、稳定、统一。即寓美于健，健美相融，并把体形美同仪表美、行为美、心灵美统一起来。

1. 颈

形状：修长、线条清晰。

比例：颈长应当是脸长的1/2，纤细度、长度与肩、上臂比例适中。

图1-3-2　颈

图1-3-3　肩

2. 肩

形状：平、正、对称、不溜肩，可看到锁骨。女子肩膀圆润，可以突出其秀美的曲线。

比例：肩宽比例是自己头部长度的两倍。

3. 臂

a. 前臂

形状：平滑、圆润、内外有弧线。

比例：与大臂比例适中。

图1-3-4　臂

b. 上臂

形状：平滑、收紧时能看到肱二头肌。

图1-3-5 胸

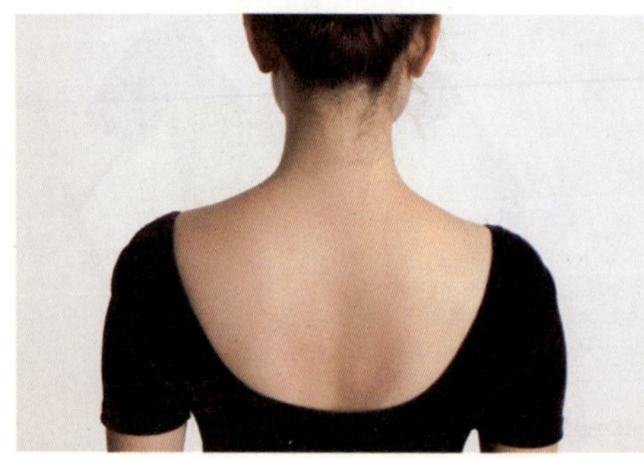

图1-3-6 背

图1-3-7 腰

比例：与全身比例大小适中（与上身比较）。

4. 胸

a. 胸上

形状：胸至锁骨可以看见比较明显的锁骨线，位置较高。

比例：看到突起较丰满，轮廓向外。

b. 胸下

形状：丰满。坚挺富有弹性，可以看到明显的外圆弧线。

比例：用B号胸罩，适中，曲线优美。

5. 背

形状：平且两边呈V字形至腰。

比例：与腰臀相比中等大小。

6. 腰

a. 前

形状：脂肪少而平坦、无下垂。

比例：腰线在肩部与大腿根部连线的中点，腰线适中，下腹无突出感。

b. 侧

形状：脂肪少而平坦，无下垂。

比例：腰侧与下垂的臂有明显的平稳过渡，曲线呈V字形。

c. 后

形状：平，窄。

7. 臀

a. 臀下

形状：臀部高，臀部圆翘，球形上收，从臀下到大腿内侧圆滑。

比例：与腰、大腿相比比例适中，大腿后无脂肪堆积，宽度与肩齐或略比肩宽。

b. 臀上

形状：臀峰高且圆滑，腰向臀或大腿过渡平而明显。

比例：无下垂，脂肪少，大小比例适中。

8. 大腿

形状：修长而线条柔和。

比例：躯干短腿粗，重心高。腿的长度大于或等于肩部到脚底长的1/2 。

a. 前

形状：表面平滑，有弧形，明显圆滑，向膝过渡有平滑感。

b. 内侧

形状：圆滑平润，双腿并拢时有接触点，两腿分开时中间、上面有弧线。

图1-3-8　臀

图1-3-9　大腿

c. 外侧

形状：平滑，圆润，无明显肌肉。

d. 后侧

形状：有圆滑弧线，臀折线浅，从臀到小腿有明显过渡，可看到肱三头肌但不明显，无明显的脂肪堆积。

9. 小腿

形状：小腿腓肠肌在小腿上1/3处，肌肉线条细、平，体积小。

比例：身高（cm）×0.21

10. 膝

形状：平滑，膝盖周围无多余脂肪，大腿伸直后，膝盖无向上突出感。

比例：膝与大腿、小腿过渡平滑，无外侧突出感。

11. 踝、足

形状：踝细，足弓高。

比例：呈漏斗状，形态美观。

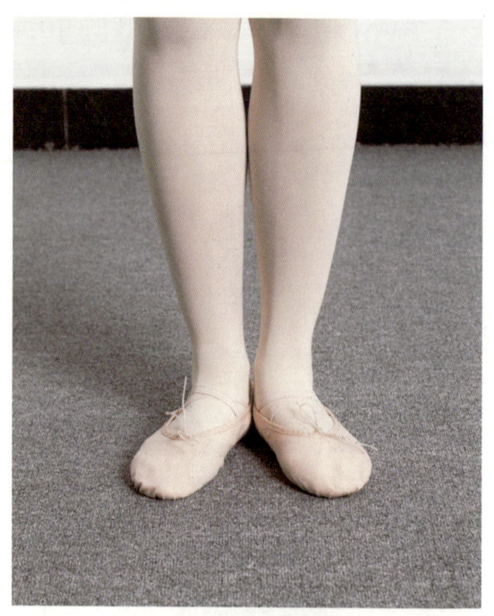

图1-3-10 小腿

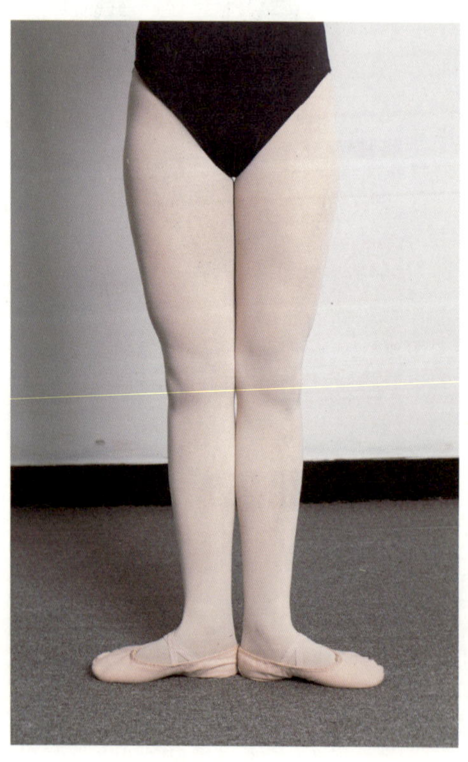

图1-3-11 膝

图1-3-12 踝、足

## 三、完美的人体比例

古希腊美学家、思想家德谟克利特说："美的本质在于井井有条、匀称，各部分之间具有和谐、正确的数字比例。"

这幅画（见图1-3-13）是一个裸体的健壮中年男子，两臂微斜上举，两腿叉开，以他的头、足和手指为端点，正好外接一个圆形。同时在画中清楚可见叠着另一幅图像：男子两臂平伸站立，以他的头、足和手指各为端点，正好外接一个正方形。这就是名画《维特鲁威人》（Homo Vitruvianus），出自文艺复兴艺术巨匠达·芬奇之手，画名是根据古罗马杰出的建筑家维特鲁威（Vitruvii）的名字取的，该建筑家在他的著作《建筑十书》中曾盛赞人体比例和黄金分割。

"维特鲁威人"也是达·芬奇以比例最精准的男性为蓝本的画作，这种"完美比例"也即是数学上所谓"黄金分割"。

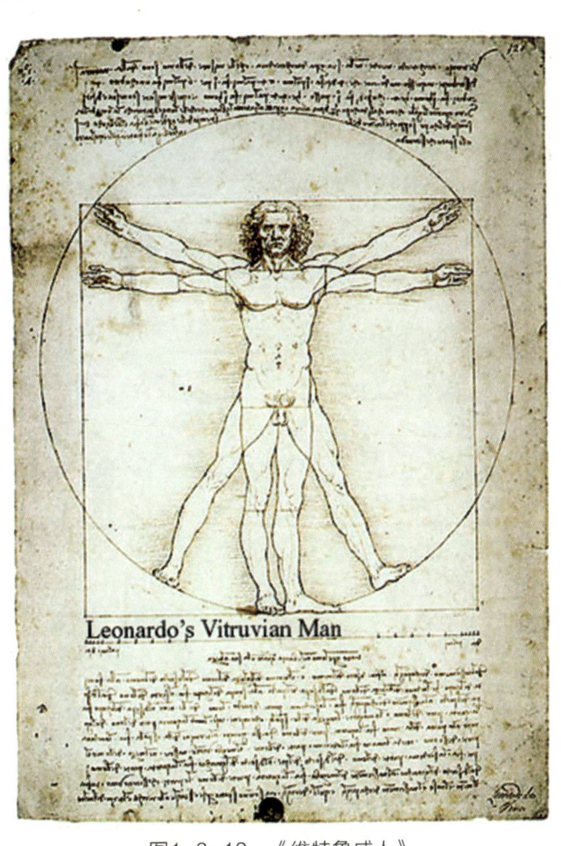


图1-3-13 《维特鲁威人》

黄金比例（Φ读作［fai］），是一个数字的比例关系，即把一条线分为两部分，其数值比为1.618∶1或1∶0.618，也就是说长段的平方等于全长与短段的乘积。早在公元前六世纪古希腊数学家毕达哥拉斯就发现了在这种分割状态下存在一种和谐的美，后来古希腊美学家柏拉图正式将此称为黄金分割，并一直被认为是最佳比例。

0.618以严格的比例性、艺术性、和谐性，蕴藏着丰富的美学价值。为什么人们对这样的比例会本能地感到美的存在？其实这与人类的演化和人体正常发育密切相关。据研究，从猿到人的进化过程中，骨骼方面以头骨和腿骨变化最大，躯体外形由于近似黄金而矩形变化最小，人体结构中有许多比例关系接近0.618，从而使人体美在几十万年的历史积淀中固定下来。人类最熟悉自己，势必将人体美作为最高的审美标准，由物及人，由人及物，推而广之，凡是与人体相似的物体就喜欢，就觉得美。于是黄金分割律作为一种重要形式美法则，成为世代相传的审美经典规律。（见图1-3-13）

## 四、影响形体美的因素

### （一）形体的组成

形体由骨骼、肌肉和韧带组成。通过对其进行有针对性的训练提升，逐步改善形体，实现形体美，达到形体美标准。

1. 骨的构成

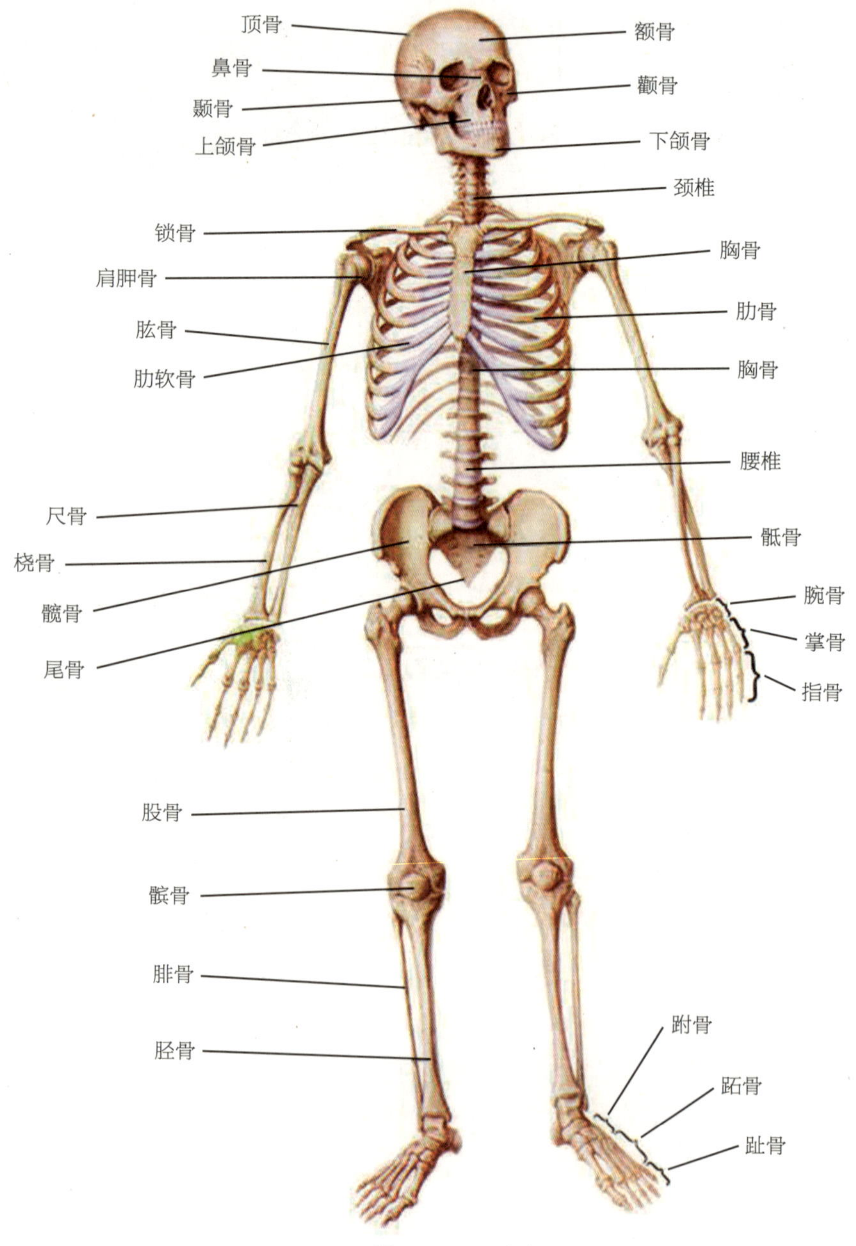


图1-3-14　全身骨骼

2. 肌肉

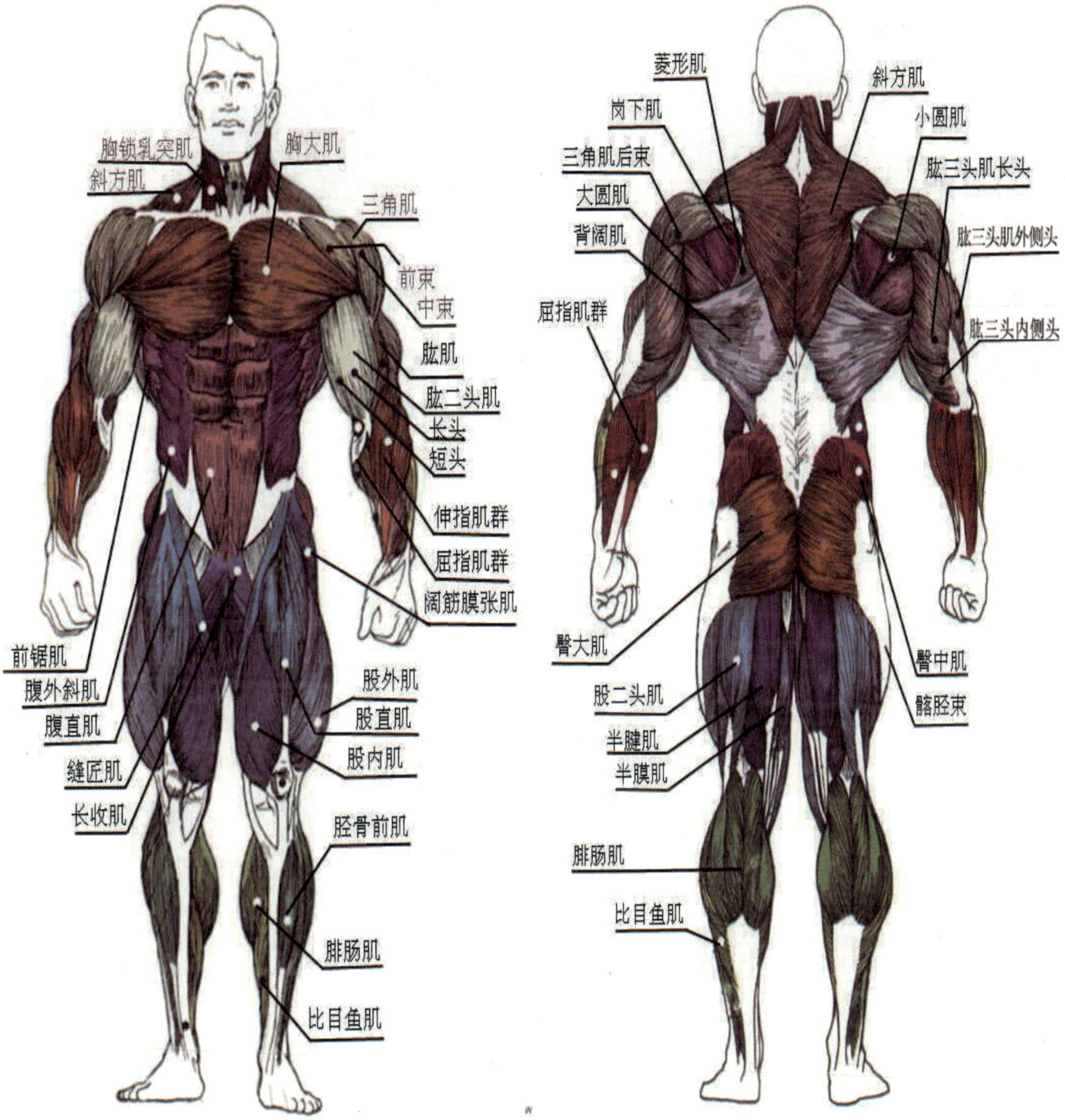

图1-3-15 全身骨骼肌

3. 韧带

图1-3-16 韧带训练

（二）影响形体美的因素

1. 身高、体重

人的体形美，主要取决于身高和体重的比例是否协调。一般而言，身高较多地依赖于遗传，而体重以及受体重制约的胸围、腰围、臀围等受后天的影响较大。因此，塑造体型美，就必须遵循人体生长发育的规律，在遗传因素所允许的范围内，根据自身条件通过控制肌肉和脂肪这两个可变的因素，消除多余的脂肪，增长肌肉，从而使身体协调匀称。

2. 姿态美

姿态美与体形美关系密切。在日常生活中，体形美需要通过优美的姿态来展现。例如，躯干正直的人与腰部松垮的人自由站立时给人的观感就有明显差异。前者由于良好的姿态可以充分表现体形美，而后者由于腰部塌下、腹部挺出、肌肉松弛，只会给人体形不美的感觉。

形成姿态美脊柱是关键，因此，应特别注意脊柱形态的形成，培养正确的坐、立、行的习惯。

形成姿态美，还必须通过严格的形体训练，建立正确的姿势定型并矫正不良的、错误的姿势。

3. 动作美

动作美是形体美的一种表现形式，动作美之中蕴含着姿态美。姿态有动有静，如坐、立、卧、蹲表现出静态时的姿势，而走、跑、跳等就表现出动态时的姿势。无论是静态还是动态，都要在完成动作时轻松、协调、准确、敏捷、高效率，这样才能显示出动作美。

4. 气质美

气质，是人的高级神经活动类型特点在行为方式上的表现。在日常生活中通常指人的典型而稳定的个性特点、风格和气度。由此可见，气质美似虚非虚，看似无形，实则有形，反映在一个人对待现实生活的态度、个性、自我调节能力和言行特征等方面。它既可以展现出人的端庄、典雅，也可以表现出人的猥琐和俗气。由于气质美是内在美自然、真实的流露，所以它可以使体形美、姿态美、动作美达到更高的境界，使人具有永久的魅力。气质的形成，虽与人的体质、神经类型、遗传等生理特征有关，但后天的环境（自然环境、社会环境）、家庭条件、文化教育、自身修养等的影响更为重要。因此，只有在加强形体训练，提高体形美、姿态美、动作美的同时全面提高自己的文化素养、道德修养、美学素养才能具有气质美。

5. 营养

营养是影响形体美的重要因素。美的形体是通过训练得到的，没有科学合理的营养，就不能保证人的正常生长发育。训练后，不能及时补充营养，也就无法弥补由于训练所造成的能量损耗，形体训练的效果也就无从谈起。只有保证科学合理的营养补充，才有可能获得美的形体。

## 五、形体指标的测量方法与内容

为了促进学生体质健康发展，激励学生积极进行身体锻炼，教育部、体育部总局于2002年7月4日颁发了《国家学生体质健康标准（试行方案）》，对大学生身高、标准体重等做了统一的规定。见表1-3-4、表1-3-5。

表1-3-4 大学男生身高、标准体重评分表

| 身高段/厘米 | 营养不良50分 | 较低体重60分 | 正常体重100分 | 超重60分 | 肥胖50分 |
|---|---|---|---|---|---|
| 165.0-165.9 | <49.8 | 49.9-56.4 | 56.5-64.1 | 64.2-66.6 | ≥66.7 |
| 166.0-166.9 | <50.3 | 50.4-56.9 | 57.0-64.6 | 64.7-67.0 | ≥67.1 |
| 167.0-167.9 | <50.7 | 50.8-57.3 | 57.4-65.0 | 65.1-67.5 | ≥67.6 |
| 168.0-168.9 | <51.0 | 51.1-57.7 | 57.8-65.5 | 65.6-68.1 | ≥68.2 |
| 169.0-169.9 | <51.5 | 51.6-58.2 | 58.3-66.0 | 66.1-68.6 | ≥68.7 |
| 170.0-170.9 | <52.0 | 52.1-52.7 | 58.8-66.5 | 66.6-69.1 | ≥69.2 |
| 171.0-171.9 | <52.4 | 52.5-59.2 | 59.3-67.2 | 67.3-69.8 | ≥69.9 |
| 172.0-172.9 | <52.9 | 53.0-59.8 | 59.9-67.8 | 67.9-70.4 | ≥70.5 |

续表

| 身高段/厘米 | 营养不良50分 | 较低体重60分 | 正常体重100分 | 超重60分 | 肥胖50分 |
|---|---|---|---|---|---|
| 173.0-173.9 | <53.4 | 53.5-60.3 | 60.4-68.4 | 68.5-70.1 | ≥71.2 |
| 174.0-174.9 | <53.7 | 53.8-61.0 | 61.1-69.3 | 69.4-72.0 | ≥72.1 |
| 175.0-175.9 | <54.4 | 54.5-61.5 | 61.6-69.9 | 70.0-72.7 | ≥72.8 |
| 176.0-176.9 | <55.2 | 55.3-62.2 | 62.3-70.9 | 71.0-73.8 | ≥73.9 |
| 177.0-177.9 | <55.7 | 55.8-62.7 | 62.8-71.6 | 71.7-74.5 | ≥74.6 |
| 178.0-178.9 | <56.1 | 56.2-63.3 | 63.4-72.3 | 72.4-75.3 | ≥75.4 |
| 179.0-179.9 | <56.6 | 56.7-63.8 | 63.9-72.8 | 72.9-75.8 | ≥75.9 |
| 180.0-180.9 | <57.0 | 57.1-64.3 | 64.4-73.5 | 73.6-76.5 | ≥76.6 |
| 181.0-181.9 | <57.6 | 57.7-64.9 | 65.0-74.2 | 74.3-77.3 | ≥77.4 |
| 182.0-182.9 | <58.1 | 58.2-65.6 | 65.7-74.9 | 75.0-77.8 | ≥77.9 |
| 183.0-183.9 | <58.7 | 58.8-66.2 | 66.3-75.7 | 75.8-78.8 | ≥78.9 |
| 184.0-184.9 | <59.2 | 59.3-66.8 | 66.9-76.3 | 76.4-79.4 | ≥79.5 |

表1-3-5　大学女生身高、标准体重评分表

| 身高段/厘米 | 营养不良50分 | 较低体重60分 | 正常体重100分 | 超重60分 | 肥胖50分 |
|---|---|---|---|---|---|
| 163.0-163.9 | <46.4 | 46.4-53.6 | 53.7-63.9 | 64.0-67.3 | ≥67.4 |
| 164.0-164.9 | <46.8 | 46.8-54.2 | 54.3-64.5 | 64.6-67.9 | ≥68.0 |
| 165.0-165.9 | <47.4 | 47.4-54.8 | 54.9-65.0 | 65.1-68.3 | ≥68.4 |
| 166.0-166.9 | <48.6 | 48.0-55.4 | 55.5-65.5 | 65.6-68.9 | ≥69.0 |
| 167.0-167.9 | <48.5 | 48.5-56.0 | 56.1-66.2 | 66.3-69.5 | ≥69.6 |
| 168.0-168.9 | <49.0 | 49.0-56.4 | 56.5-66.7 | 66.8-70.1 | ≥70.2 |
| 169.0-169.9 | <49.4 | 49.4-56.8 | 56.9-67.3 | 67.4-70.7 | ≥70.8 |
| 170.0-170.9 | <49.9 | 49.9-57.3 | 57.4-67.9 | 68.0-71.4 | ≥71.5 |
| 171.0-171.9 | <50.2 | 50.2-57.8 | 57.9-68.5 | 68.6-72.1 | ≥72.2 |
| 172.0-172.9 | <50.7 | 50.7-58.4 | 58.8-69.1 | 69.2-72.7 | ≥72.8 |
| 173.0-173.9 | <51.0 | 51.0-58.8 | 58.9-69.6 | 69.7-73.1 | ≥73.2 |

## 思考与练习

1. 要做一名合格的民航服务人员，我们应具备怎样的素质？
2. 民航服务人员形体训练应达到怎样的标准？
3. 测量一下自己的身体比例值是否达到民航企业用人标准。

# 第四节 民航服务人员形体训练的特点和作用

掌握形体训练的特点和作用，逐步提升自身形体素质，最终达到理论与实训的和谐统一。

## 一、民航服务人员形体训练的特点

首先，健康是形体美的基础，只有健康、充满活力、朝气蓬勃的身体，才能拥有形体美、姿态美、动作美和气质美，形体训练具有以下几个方面的特点。

### （一）全面性和针对性

形体训练内容丰富，动作变化多样，各类动作的编排都是严格地按照人体的解剖部位，为达到身体匀称、均衡、协调、健美地发展而进行的。合理地选择内容，科学地进行锻炼，能全面地增强人体运动系统、内脏系统和精神系统的功能，促进人体的正常发育和身体素质的全面发展。形体训练的针对性强，选择某一动作重点锻炼身体的某一部位或者针对某项身体素质进行练习，能进一步促进身体的全面发展。

### （二）优美性和艺术性

形体训练是在人体解剖学、运动生理学、运动心理学、运动训练学、体育美学、人体艺术造型学等学科的理论指导下进行的。其动作内容符合人体的生理特点，各类动作不仅体现优美性和艺术性，而且充分展现协调、韵律、优美等健美气质。形体训练是追求人身心美的艺术运动，它不仅能提高练习者的兴趣，而且能发展练习者的想象力和表现力，培养动作的节奏感，促进身心的全面发展，同时还能使练习者在训练中达到忘我的境界。练习者根据不同的音乐节奏和风格，创编出不同风格和形式的形体动作，使形体训练更富有感染力，并得以构成完美的艺术整体。

图1-4-1 形体训练

图1-4-2 形体训练

### （三）内容丰富，易于普及

形体训练动作简单易学，练习形式简便，可根据不同的要求、不同的年龄、身体条件和训练水平，选择不同的练习内容和方法。通过有目的、有针对性地进行练习，能达到增强体质、促进健康美、塑造优美形体的目的，因而深受人们的喜爱，也易于普及推广。

## 二、民航服务人员形体训练的作用

### （一）增进健康

健康美是指在健康身体的基础上所表现出来的良好的精神状态、气质和风度，它比一般意义上的身体健康有更高的目标和要求，是在发展身体、增进健康的同时，强调人的机体能力的提高和整个体质的增强，以及健康的状态与身体机能和心里品质的协调统一。形体训练通过其特有的内容，不仅能全面地锻炼身体，增强健康，促进骨骼、肌肉、内脏器官及神经系统等方面的正常发育和机能的发展，形成正确的身体姿势，而且能提高柔韧性、协调性、灵敏度、力量等身体素质，对培养良好的风度有重要的作用。

（二）塑造健美的形体

健美是指人体形体美，即是人体外形的匀称、和谐。形体美基本上是由身高、体重和人体各部分的长度、围度及比例所决定的。通过形体训练，可以培养练习者健美的体态和风度，使练习者身体匀称、和谐、健美，使动作姿势优美，使几何轮廓清晰，从而塑造出美的形体。

（三）美育教育

形体训练由于本身具有的特点，因而兼具了美育教育这一特殊的作用。形体训练将美育寓于体育之中，使美育与体育得到完美结合。通过形体训练，不仅能够有意识地美化人体，使其发育匀称，养成对姿态美、动作美、形体美的正确审美观念，而且通过对音乐的理解和运用，可陶冶情操，激发对美的追求，从而进一步提高对美的鉴赏能力。

（四）提高民航服务人员体能素质，为学生的终身发展奠基

“生命在于运动”，但是如何从运动的角度来促进健康一直是我们需要有所突破的问题。形体训练是以身体练习为基本手段，匀称和谐地发展人体，增强体质，促进人体形态更加健美的一种体育运动。可根据学生的实际情况选择不同的运动方式来进行；通过基本动作练习和强度不同的成套动作练习，对身体各关节、韧带、各主要肌群和内脏器官施加合理的运动负荷，对心血管功能、柔韧性、协调性、力量及耐力素质，以及有效地改变体重、体脂等有十分显著的作用。而且后天塑造是完全可能的，特别在青春发育期，人体对环境因素的敏感性较强，是塑造体形的最佳时期。形体训练动作形式多，锻炼部位广泛。可以通过各种臂的摆动、绕环、综合训练组合等训练方法发展身体的柔韧性和协调性。

达到健康的形体美，仅有健康美和静态美是不够的。从形体训练追求层次上看，动态美和整体协调美更显人的气质和魅力。动作美是形体美的一种表现形式，姿态美是通过动作表现出来，而动作美在完成动作时应显示出姿态美。在形体训练的动态美练习中强调步态、姿势、表情等形体语言，强调动作的节奏感和优美感。通过科学的形体训练，可以改变和改善不良体型，达到肌肉匀称，比例协调、举止和

图1-4-3　形体训练

谐、姿势优美、气质高雅。可以说形体训练是一种特殊的人体雕塑艺术。

（五）培养完美的外在素质，促进人的和谐发展

人体形体是世界上一种永远新鲜、永远洋溢着生命力的最动人的美。歌德曾经说过：“不断升华自然的最后创造物就是美丽的人。”人的美丽直观的表现首先在于形体美。人类遗传学告诉我们，影响体形的因素是遗传和环境（营养、劳动、生活条件、体育锻炼）。遗传因素虽然生成了人的基本体型，但只要通过后天的努力改造和学习，也可以改正自身的缺点，培养出完美的外在素质。

民航服务人员形体训练是提高学生专项身体素质的手段，是增强学员形体美感的有效途径。它不仅培养学生正确的身体姿态、优美的体形、高雅气质和鉴赏能力，还可以培养学生的训练兴趣，提升学生的就业竞争力。所以在民航服务人员形体课程开课的初期，首先抓学生全身各关节的柔韧度、灵活度和身体各部位基本姿态的规范训练，并通过走、跑、舞步、摆动、绕环、屈伸、弹性、波浪、旋转、跳跃及组合动作等的练习，掌握身体各部位协调运动的方法，培养学生优美的姿态，使肌肉得到均衡的发展，从而有效地改善关节的灵活性，增强动作的协调性、节奏感和控制身体的平衡能力。

## 思考与练习

1. 民航服务人员形体训练的特点是什么？
2. 民航服务人员形体训练的作用是什么？

# 基础实践篇

## 第二章

## 民航服务人员形体姿态培养训练

学习任务

通过以芭蕾为基础的舒展优美的舞蹈练习，结合中国古典舞和现代舞进行综合训练，从而塑造学生优美的体态，培养高雅的气质，纠正生活中不正确的姿态。

# 第一节
# 芭蕾舞基础训练

图2-1-1　芭蕾舞剧《胡桃夹子》

芭蕾舞，欧洲古典舞蹈，由法语ballet音译而来。芭蕾舞孕育于意大利文艺复兴时期，17世纪后半叶开始在法国发展流行并逐渐职业化，在不断革新中风靡世界。芭蕾舞最重要的一个特征即女演员表演时以脚尖点地，故又称脚尖舞。其代表作品有《天鹅湖》《仙女》《胡桃夹子》等。（见图2-1-1、图2-1-2）

我们将要学习的形体芭蕾与专业芭蕾有一定的区别，它是由芭蕾延伸而来的。专业芭蕾大多训练枯燥，而形体芭蕾则以健身和提升气质为主要目的，它不需要腿踢得有多高，动作要求难度不高，它只是教会我们如何把芭蕾特有的优雅与自信融合到实际生活中。从运动学的角度来讲，芭蕾的“开、绷、直”三要素具有收缩肌肉纤维的功能，在动静结合的运动中能有效地消耗多余的脂肪，使我们的身材变得更加修长。

## 一、芭蕾舞基本体态训练

1. 掌握芭蕾舞基本体态的训练方法。
2. 结合自身的形体特点，有目的地训练。

图2-1-2　芭蕾舞

### （一）着装要求

头发：全部盘于后脑勺，没有刘海，没有多余的发丝。（见图2-1-3）

衣服：着专业连体服和大袜。（见图2-1-4）

鞋子：着专用于平时训练的软底鞋。（见图2-1-5）

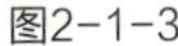

图2-1-3

图2-1-4

图2-1-5

### （二）芭蕾舞基本手型

五指自然平伸，大拇指略靠向中指指根处，食指向外微微打开，其余三指自然并拢。（见图2-1-6）

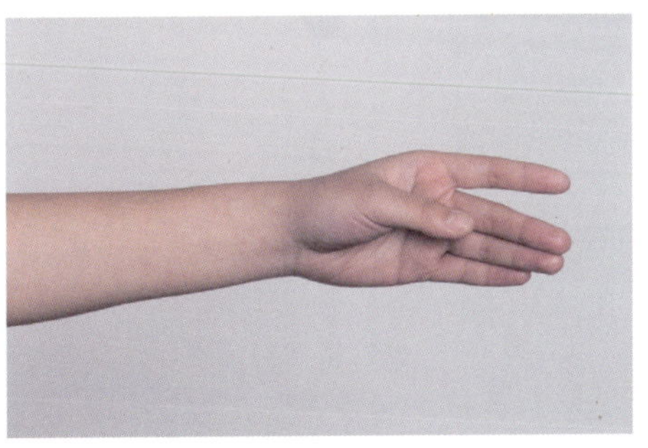

图2-1-6

### （三）芭蕾舞基本手位

一位：双手自然下垂，手臂与手呈椭圆型于身体前方，与胯相隔一拳的距离，双手手心朝上，中指相对，相隔一拳

图2-1-7

的距离。在练习时要注意整个手臂要保持圆润、修长，肘与手腕处都没有突出的现象。（见图2-1-7）

二位：在一位的基础上，双手延伸抬至胃前，整个手型保持不变。注意不要耸肩。（见图2-1-8）

三位：在二位的基础上，双手延伸抬至额前45° 的位置，在不抬头的情况下，轻抬眼皮便可看见小拇指。注意保持肘与手腕的稳定性。（见图2-1-9）

四位：在三位的基础上，左手保持不动，右手延伸着下放至二位的位置。注意双手的延伸性。（见图2-1-10）

五位：在四位的基础上，右手继续向旁打开，手心朝前。注意手不要过分往后拉伸，肘不要往下掉。（见图2-1-11）

六位：在五位的基础上，左手延伸着下放至二位的位置。（见图2-1-12）

图2-1-8

图2-1-9

七位：在六位的基础上，左手继续向旁打开，双手呈一字包于身体两侧。（见图2-1-13）

结束动作：在七位的基础上，双手微微向上延伸，手心朝下，由大臂带着收回一位，结束。

图2-1-10

图2-1-11

图2-1-12

图2-1-13

手位要领：

1. 从一位到七位，两手臂始终保持圆润、修长和手臂的延伸性。
2. 呼吸要顺畅，配合动作做相应的呼吸。
3. 眼随手走，手与头、眼协调配合。
4. 要运用手的表现能力表达情意。

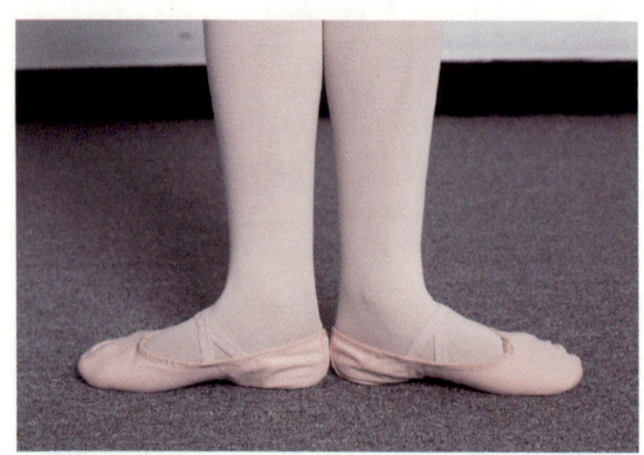

图2-1-14

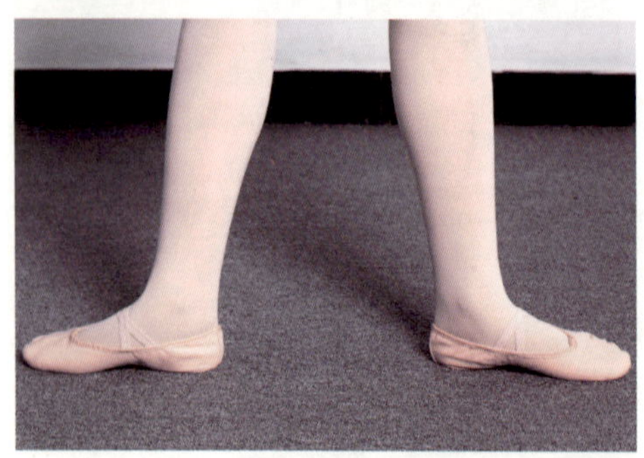

图2-1-15

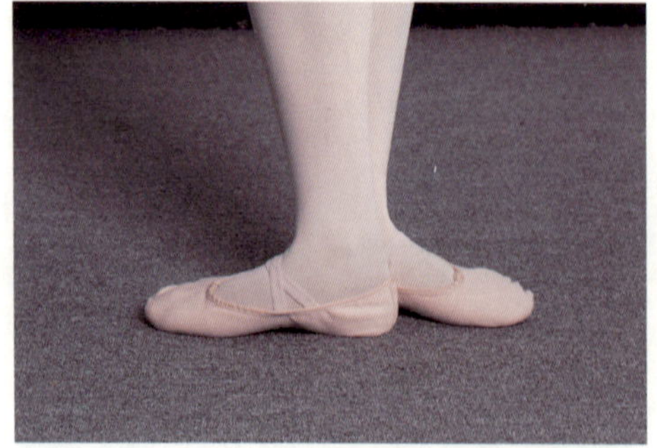

图2-1-16

（四）芭蕾舞基本脚位

芭蕾舞中脚的五种基本位置，是学生最早要学习的动作。不只是因为简单，还因为芭蕾课堂上大部分动作都是以这五种位置之一作为开始和结束姿态。外开并非易事，但也并不可怕，它需要坚持不懈的刻苦锻炼。有些人的自然开度好，以下的动作就能很轻易地完成；有些人开度较差，但多练习就会逐渐达到要求。

一位：双脚后跟并拢，脚尖分别朝两边打开至180°，呈一字型。（见图2-1-14）

二位：在一位的基础上，右脚向旁擦地，踩下，双脚跟相距一只脚的距离。（见图2-1-15）

三位：在二位的基础上，右脚擦地收回，最后右脚脚跟落于左脚的脚弓处。（见图2-1-16）

四位：在三位的基础上，右脚继续向前擦地，踩下，双脚相隔一只脚的距离重叠，前脚跟与后脚趾成一条线，重心在两腿之间。（见图2-1-17）

五位：在四位的基础上，右脚擦地收回，双脚完全重叠在一起，前脚完全

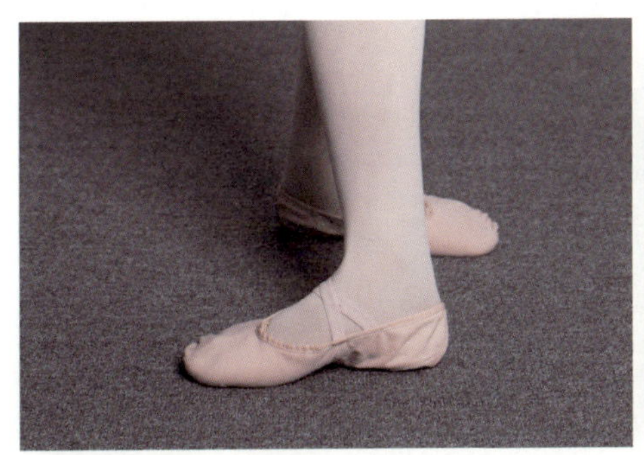
图2-1-17

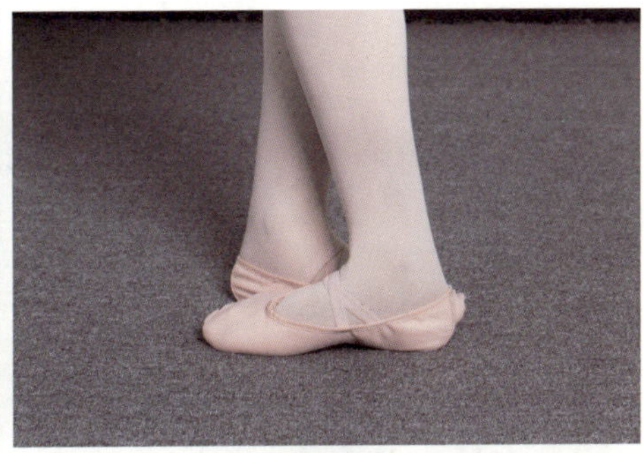
图2-1-18

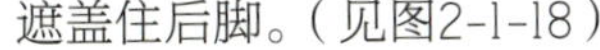

遮盖住后脚。（见图2-1-18）

小贴士

脚位要领：

1. 双腿要用力收紧，在脚位变换过程中，膝盖要使劲伸直。

2. 胯与脚尖都要最大限度地保持外开。

（五）芭蕾舞基本站姿

芭蕾舞者不管是在舞蹈时还是在平常的生活中，身姿都非常优美。正确的站立姿势是芭蕾开、绷、直的先决条件，是舞姿优美、身体稳定和动作灵巧的基础，同时也是身姿挺拔和步态轻盈的根本。芭蕾站立姿势是能够改善人体脊柱的“S”形弧线（即颈、胸、腰和骶形成的四个生理弯曲），校正脊柱、肋骨和骨盆的位置。（见图2-1-19）将身体弧线尽可能地拉直，身体姿态当然要比自然形态下直立挺拔。

为了拥有优美的站姿，舞者必须每天练习，初练者可以借助把杆保持身体的平衡。

按照以下的步骤，每天只需练习几分钟，便可轻松拥有芭蕾舞者般优雅的站姿。（见图2-1-20）

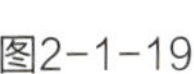
图2-1-19

图2-1-20

练习步骤：

· 以一脚位站立，脚跟接触，双脚外开，膝盖伸直并拢；

· 收紧腿部肌肉，大腿内侧肌肉夹紧，胯保持外开，臀部向里收紧；

· 腹部肌肉用力收紧；

· 腰往上拉伸；

· 胸腰敞开，后背挺拔；

· 肩膀下沉，颈部拉伸，下巴平放；

· 双眼平视前方，面带微笑；

· 呼吸自然顺畅，不要憋气 。

在芭蕾舞中，站立分为8个不同的方向。（见图2-1-21）

1点——正前方　　2点——右斜前方

3点——正右方　　4点——右斜后方

5点——正后方　　6点——左斜后方

7点——正左方　　8点——左斜前方

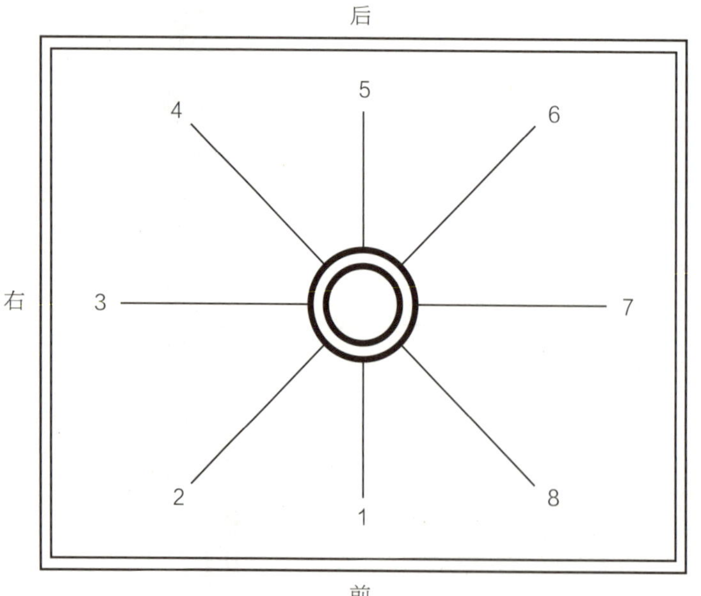


图2-1-21

形体芭蕾脱把与扶把

芭蕾给人一种袒露的、直接的而又优雅庄重的美感。形体芭蕾的一系列基本动作，都建立在这一审美观念之上。形体芭蕾主要分地面素质训练、扶把训练、脱把训练等基本训练方式。

地面素质训练包括坐在地上做勾脚背、盘脚压胯、仰卧吸腿、侧卧旁吸腿、俯卧后吸腿、腰部训练、仰卧前大踢腿等动作。这些动作可以打开肩部和胯部关节韧带，提高腰的柔韧性，增强腿部和后背肌群的弹性和力量。

扶把训练是指训练的时候扶着固定的物体进行的训练。常见的扶把训练有擦地、半蹲、全蹲、小踢腿、划圈等动作。单腿蹲和小弹腿、压前腿、压旁腿、压后腿也是相当重要的训练动作。这些训练动作可以使脊柱、臀、脚踝、臂充满活力，从而培养优雅和高贵的气质。

脱把训练难度较大，动作分为手位与脚位的训练，如手臂波浪形的舞动、脚做划圆等动作。与前面的训练相比，增加的练习有跳跃练习。小跳还可以分为一位小跳、二位小跳、五位小跳。中跳是随后的训练，主要以原地跳为主，分为一位中跳、二位中跳、单起双落方法和双起单落方法。最后就是大跳了。以上训练，是臂、腿的动作组成的舞姿造型，既能训练身体的基本能力，也能调整身体的基本姿态，更能灵活自如地运用到芭蕾当中。

## 二、芭蕾舞扶把综合训练

1. 加强全身肌肉的控制能力。
2. 锻炼脚腕的灵活性与稳定性。

图2-1-22

扶把练习是塑造姿态美的主要手段，对发展下肢及躯干的力量，增加柔韧性、灵活性、协调性，增强对身体重心的控制，提高平衡能力都非常有效，同时还起到对身体的姿态进行规范化的作用。（见图2-1-22）

图2-1-23

（一）擦地

擦地是芭蕾基训入门的最基础的动作之一。正因为它简单易做，所以被列入基训的最初几个动作，但这个动作要认真做起来，又并非像看着那么容易，它贯穿着“开、绷、直、立”的全部内涵。从这个动作开始，以后其他动作的训练就开始走上规范。

前擦地：在擦地出去的时候，由脚后跟带着，经过脚背、脚弓到脚尖一节一节地绷起来。擦地收回与出去是相反的，是由脚尖带着，经过脚弓、脚背到脚后跟一节一节地下压踩地收回。（见图2-1-23）

旁擦地：与前擦的要领一样，只不过是向旁边擦地。（见图2-1-24）

后擦地：与前擦和旁擦相反，在擦地出去

图2-1-24

图2-1-25

的时候，是由脚尖带着，擦地收回时，是由脚后跟带着，要领一样。（见图2-1-25）

擦地要领：

1. 在整个擦地的过程中，双腿都要保持外开，膝盖伸直。
2. 擦地的腿是动力腿，重心始终都在主力腿上，不能移动。
3. 坚持在地面上“擦”，脚趾始终不能离地。

（二）蹲

半蹲：在蹲的时候，双腿保持外开，膝盖朝脚尖的方向，臀部垂直于地板，下蹲至最大限度，不起脚后跟。在起的时候，不能很轻松地起来，要有推地板的重力。

全蹲：基本要领同半蹲一样，只不过在下蹲到最大限度时，脚后跟被迫离开地板，直到不能蹲为止。在这个过程中，一定要注意脚后跟不能主动抬起，要由腿部的深蹲带动脚后跟微微抬起。

在芭蕾的五个基本脚位中，每个脚位都有半蹲与全蹲，只不过常用的为一位蹲、二位蹲和五位蹲。（见图2-1-26）

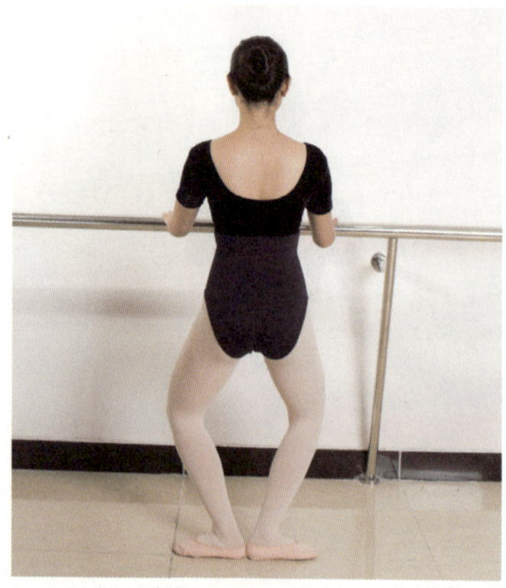
一位半蹲

一位全蹲

二位半蹲

二位全蹲

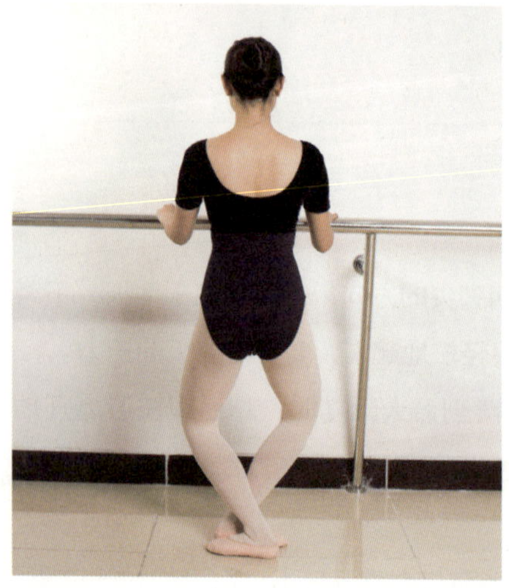
五位半蹲

五位全蹲

图2-1-26

小贴士

蹲要领：

1. 做蹲的时候要注意对呼吸的运用，一般来说，开始蹲之前先呼吸，在下蹲的过程中缓慢呼气，随着腿部的逐渐伸直再吸气。

2. 做蹲时必须稳住上身，想象自己背着一个小孩，站在悬崖峭壁上。

（三）小踢腿

小踢腿同擦地有不少相同之处，可以说它就是从擦地这个动作发展而来的，尤其是前旁后三个方向的出去和收回，在规格要求上完全与擦地相同，腿的绷直、外开也都一致，所不同的是，擦地是在地面上做停留，而小踢腿是经过擦地后在空中25° 的空间做停留。另外，小踢腿比擦地更用力，动力腿的踢出要像射箭一般迅速敏捷。

左手扶把，双脚一位，七位手准备。右腿先像擦地一样向前擦出，然后向上抬25° 并停留，收回时先落下25° ，腿成为前点地，再如擦地收回一样收回一位。整个过程中动作必须迅速而有力，只有如此才能收到训练效果。

（四）压腿

腿部柔韧性训练为四大腿功之一，是习舞者必修之功，进行腿部柔韧性训练可使腿部韧带、肌腱肌肉有很强的伸展性，同时也能增加髋、膝、踝关节的活动范围。

压正腿：准备时单手扶把，单手三位，主力腿膝盖伸直保持外开，动力腿膝盖伸直绷脚背保持外开，后背挺拔。（见图2-1-27）在下压的时候，双腿不动，上身要延伸，用腹部贴大腿，胸部贴膝盖，额头找脚背。（见图2-1-28）在起身时，同样要记住向前延伸由头带着起来。初练者常出现低头、弯腰，急于用头碰脚，胸部和腿之间出现一个大空的现象，还有的膝盖弯曲站不稳，像要

图2-1-27

图2-1-28

后倒似的，甚至导致腿部韧带受伤，因此一定要掌握正确的练习方法。

压旁腿：准备时单手扶把，单手三位，主力腿与动力腿的脚尖呈180° ，胯要最大限度地打开，上身稍背对动力腿。（见图2-1-29）在下压的时候，双腿不动，上身延伸着，最大限度地外翻，感觉整个人要躺在动力腿上。（见图2-1-30）

图2-1-29

图2-1-30

### （五）大踢腿

踢腿是腿功柔韧性训练最为重要的一步，它可以巩固压腿、劈腿、吊腿的效果。俗话说：三分压，七分踢。由此可见，踢腿对腿部柔韧性训练的重要性。

踢前腿：单手扶把，单手七位，双脚一位站立准备。腿将要踢起时，要迅速将身体重心移动到主力腿上，使动力腿肌肉放松。腿由下至上，应快速向面部摆动，这里有一个加速的过程。踢时胯不要后坐，腿上摆有寸劲。刚刚练习踢腿时，必须始终保持动作的规范性，宁可踢得刚过胸，也不要把主力腿的脚跟抬起或膝盖弯曲，或是弯腰凸背用头去迎碰脚尖。

踢旁腿：单手扶把，单手一位，双脚五位准备。要领基本同踢前腿，只不过动力腿要去找后脑勺的方向。在练习踢旁腿时，切记不可掀胯。

踢腿常出现的问题有：重心不稳，甚至摔倒；主力腿脚跟抬起膝盖弯曲；弯腰凸背；不是用脚背带动踢腿，而是用大腿带动踢腿。这些都需要掌握正确的训练方法，多加锻炼，方可纠正。

### 舞蹈中怎样避免脚踝受伤

脚踝受伤是舞蹈中最常见的训练伤之一。舞者在运动的时候脚的翻转、旋转或是扭转若超出正常运动范围，就会拉伸并损伤连接脚踝骨的韧带。脚踝损伤也可能发生在脚踏在一个平面上力量不均的时候。

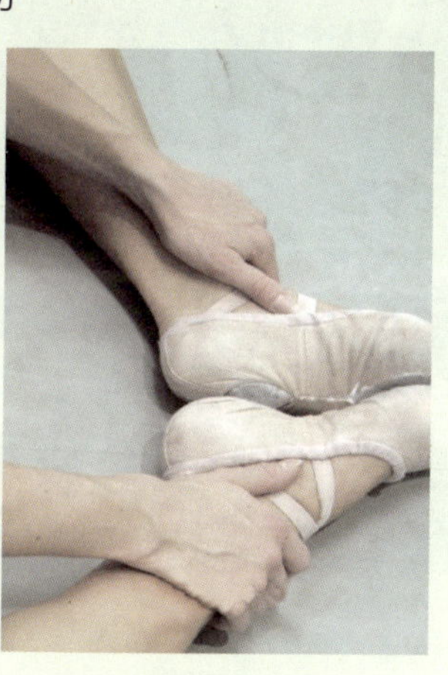

图2-1-31

注意事项：

1. 每次跳舞之前一定要进行热身。适宜的热身运动能充分拉开韧带从而更好地完成更大、更剧烈的舞蹈动作。

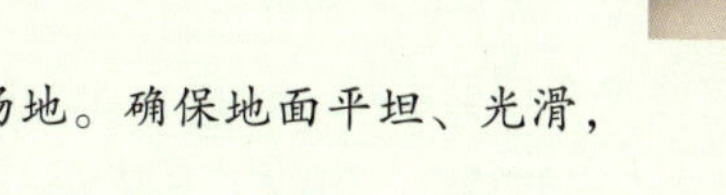

2. 注意跳舞的场地。确保地面平坦、光滑，没有裂缝和凸起。

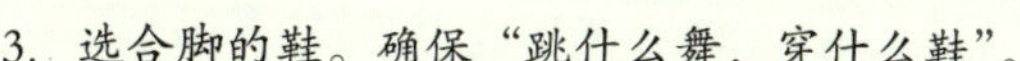

3. 选合脚的鞋。确保“跳什么舞，穿什么鞋”。

4. 如果脚踝还在恢复期，光靠舞鞋的保护还不够，还应该在跳舞的时候将脚踝包裹起来。可以使用踝固定器或绷带。

5. 注意身体的反应，如果感觉到疼痛，那么你可能要放慢速度甚至停下来。在疼痛中做舞蹈动作可能让你觉得自己像个勇士，但如果你想让自己的舞蹈生涯更长，那就应该关注自己的身体。

## 三、芭蕾舞基本舞姿训练

芭蕾舞进行的过程中，演员要始终保持面向观众，这样就渐渐形成了五种基本站立位置和三个基本舞姿。每一段舞蹈都要从这五种基本位置开始，结束也要回到这五个动作上。三个基本舞姿包括“阿拉贝斯克”（arabesque）、“阿蒂迪德”（attitude）

图2-1-32

和“艾卡泰”（ecarte）。这些舞姿造型固定、优美，加上各种跳跃，腿部的各种伸展、旋转和脚尖的技巧，通过不同的编排，组成了丰富多彩的舞蹈。（见图2-1-32）

（一）五种基本站立位置

第一式：双脚一位，双手一位。（见图2-1-33）

第二式：双脚二位，双手七位。（见图2-1-34）

图2-1-33

图2-1-34

图2-1-35

图2-1-36

图2-1-37

第三式：双脚三位，双手六位。（见图2-1-35）

第四式：双脚四位，双手五位。（见图2-1-36）

第五式：双脚五位，双手七位。（见图2-1-37）

芭蕾舞的所有动作都是以这五种姿势中的一种开始和结束的。

（二）三种基本舞姿

阿拉贝斯克（arabesque）：是舞者最常练习的舞步之一，用途广泛，通常和其他芭蕾舞步（如伸展动作或者腿部动作）组合完成。

开始式

轻轻将手搭在把杆上，以保持身体平衡。以五位脚站立，左脚在前，右脚向后擦地。注意：五个基本脚位都可以用来训练阿拉贝斯克，图片描述的是五位脚基础上的阿拉贝斯克。（见图2-1-38）

图2-1-38

图2-1-39

图2-1-40

动力腿向后抬起

左腿支撑身体，右腿慢慢向后抬起。右腿膝盖绷直，脚背绷紧。（见图2-1-39）

图2-1-41

立脚尖

以主力腿立脚尖完成阿拉贝斯克。阿拉贝斯克有多种形式：主力腿挺直、弯曲、立脚尖、半脚尖，跳跃或者旋转时动力腿向后抬起，呈绷直伸展状态，等等。（见图2-1-40）

阿蒂迪德（attitude）：该舞姿分为前腿和后腿的两种形式。

前腿的动作：站右脚前五位，手一位，对8点。左腿保持，右腿向前擦地接起90°弯曲的前腿形态，手二位接打开成左手在上的五位，看1点。

后腿的动作：站右脚在前五位，手一位，对8点。右腿保持，左腿向后擦地接起90°弯曲的后腿形态，手二位接打开成左手在上的五位，对8点，看1点。（见图2-1-41）

艾卡泰（ecarte）：人身面向2点

图2-1-42

或8点在教室（舞台）对角线上所做的左脚或右脚伸出二位点地或抬至空中的动作。（见图2-1-42）

如何欣赏芭蕾演出

芭蕾大致分为三类：叙述故事的；描述情绪或气氛的；单纯呈现音乐与舞蹈关系的。近十年来，便利的交通缩短了国与国的距离，艺术经纪人引进了世界各国的优秀表演艺术，几乎每个月均有芭蕾舞团演出。

观赏芭蕾舞剧，只要表演精彩，你的内心产生了共鸣，就可以立即鼓掌。观众的掌声不但可以带动整场演出的气氛，还可以增强舞者的演出激情。

古典芭蕾舞剧有特定的结构与形式，经由艺术总监、编舞、舞者，以及灯光、音响、服装等方面人员的密切配合，才能完整地呈现在观众面前。如果我们对芭蕾舞有基本的认识，观赏芭蕾舞演出时必能获得极大的乐趣与共鸣。

芭蕾舞剧演出主要由下列三种角色组成：

1. 主角：主角是故事的核心人物，作为主角的舞者需有一定水准的技巧与体力，最重要的是要有高超的舞蹈素养及品格，才能诠释剧中的人物。古典芭蕾双人舞是整个舞剧重心，大都由男女主角担任。古典芭蕾舞剧双人舞结构次序是男女主角双人的慢板，然后是男主角独舞，女主角独舞，最后才是终曲（coda）双人快板。主角艺术素养与技巧水准于双人舞中呈现。

2. 独舞者：具有主角技巧，而能单独或三四人演出者。

3. 群舞者：群舞者虽然舞步较简单，但由于场面复杂、变化，需要烘托整场气氛，因此群舞者扮演着举足轻重的角色，每一位群舞者都非常重要，只要有一人乱了脚步，整体的画面就会受到影响。

图2-1-43　芭蕾舞剧《天鹅湖》

# 第二节
# 古典舞基础训练

图2-2-1 古典舞《梁祝》

中国古典舞从起源来说，是古代舞蹈的一次复苏，是戏曲舞蹈的复苏，是几千年中国舞蹈传统的复兴。它的审美原则不是什么新发明，而是几千年中华文化的流传和延续，是用一根长线从古串到今的，这些原则非但在戏曲中可见，在唐宋乐舞中，在汉魏“舞戏”中，甚至在商周礼乐中，都能见其蛛丝马迹的文化特征；就其流派来讲，它是在原生地上生成的一个崭新的艺术品类，这是一个可以和芭蕾舞、现代舞相媲美的新的舞蹈种类，这个衍舞种是地道的中国货。它融合了武术、戏曲中的许多动作和造型，特别注重眼睛在表演中的作用，强调呼吸的配合，富有韵律感和造型感，独有的东方式的刚柔并济的美感，令人陶醉。50年代的古典舞以中国的戏曲舞蹈为基础，80年代的古典舞“身韵”的确立。中国古典舞主要包括身韵、身法和技巧。身韵是中国古典舞的内涵，每个舞蹈的韵味不同，两个人跳同样的动作，韵味都不同。身法则是指舞姿和动作。根植于中国传统文化沃土的古典舞蹈非常强调“形神兼备，身心互融，内外统一”的身韵。神韵是中国古典舞的灵魂。神在中而形于外，“以神领形，以形传神”的意念情感造化了身韵的真正内涵。代表舞蹈有《扇舞丹青》

《爱莲说》《孔乙己》《踏歌》等。

## 一、古典舞基本手位训练

中国古典舞作为我国舞蹈艺术中的一个类别，是在民族民间传统舞蹈的基础上，经过历代专业工作者提炼、整理、加工、创造，并经过较长时间艺术实践的校验流传

图2-2-2　古典舞

下来的具有一定典范意义和古典风格的舞蹈。古典舞创立于20世纪50年代，曾一度被一些人称为“戏曲舞蹈”。它本身就是介于戏曲与舞蹈之间的混合物，也就是说，还未完全从戏曲中蜕变出来，但已经去掉了戏曲中最重要的唱和念。

1. 了解中国古典舞的起源和发展历史。
2. 掌握中国古典舞的基本手型与手位。

（一）基本手型

中国古典舞手的形态分为指、掌、拳。

男形掌：虎口掌。虎口撑开，四指自然而松弛地并拢，意念集中在指尖，形成指尖微向上翘，手掌成涡形。（见图2-2-3）

男形拳：自食指起的四指合拢握紧，大拇指贴在食指上，手腕微向里扣，形成拳形。（见图2-2-4）

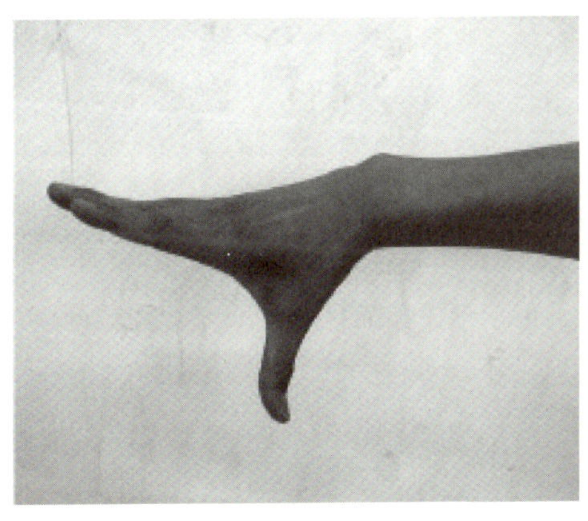

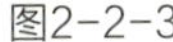
图2-2-3

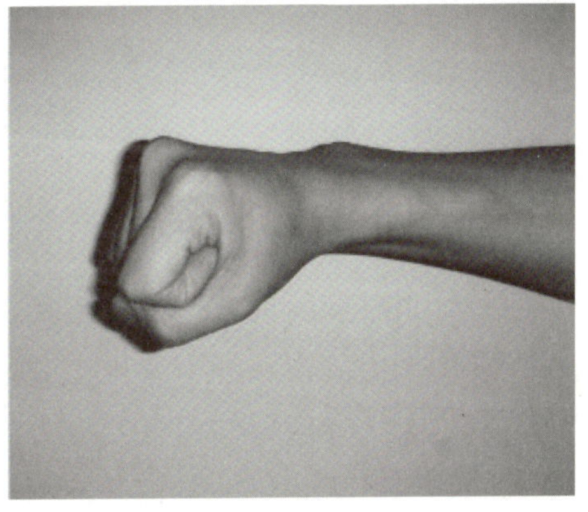

图2-2-4

剑指：食指与中指并拢且挺直，力贯指根、指尖，并以折腕之力使指上翘，其余三指，以拇指与无名指虚搭紧挨为形，是为剑指。（见图2-2-5）

女形掌：兰花掌。中指和拇指微靠拢，其余手指用力往上翘起。（见图2-2-6）

女形拳：拇指与食指相搭贴，食指与其余三指依次相握，形成拳形。（见图2-2-7）

女形指：大拇指与中指松弛地相搭连，形成O状，同时，食指伸出上翘，其余两指松弛地与中指并拢，形成秀丽的指形，是为兰花指。（见图2-2-8）

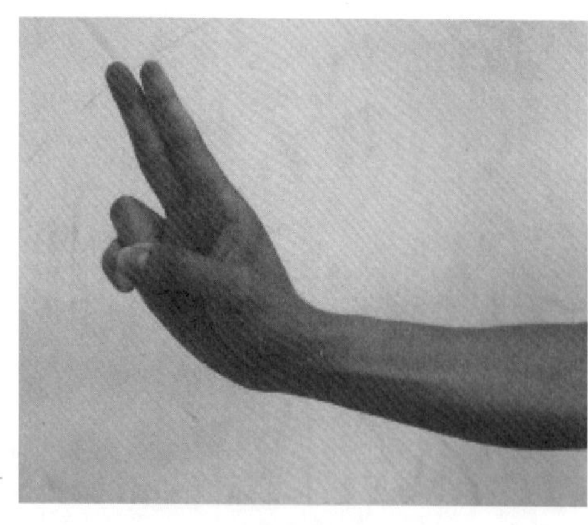

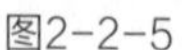

图2-2-5

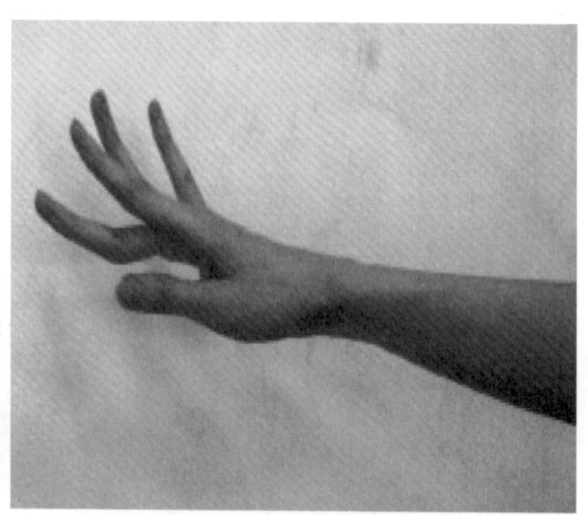

图2-2-6

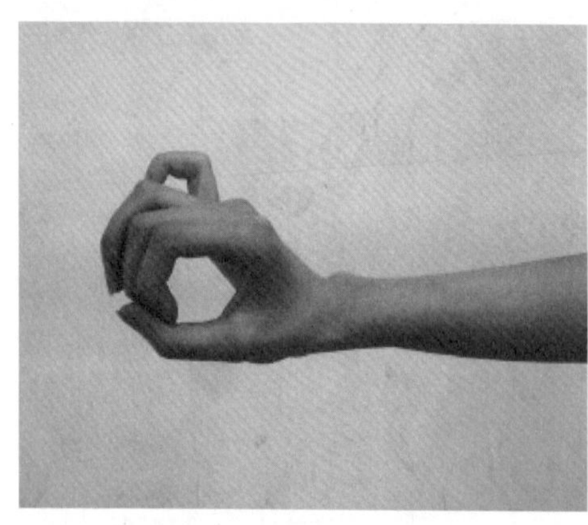

图2-2-7

图2-2-8

（二）基本手位

按掌：男、女各以虎口掌和兰花掌之形，将手臂放置于胸腹之间的位置，成圆弧形、沉肘，是为按掌。有单按掌和双按掌。（见图2-2-9）

托掌：男、女各以虎口掌和兰花掌之形，将手臂向上撑直成圆弧形置于额头前上方，是为托掌。防止动作成型时折腕。有单托掌和双托掌。（见图2-2-10）

山膀：男、女各以虎口掌和兰花掌之形，将手臂成圆弧形抬至身旁，位置略低于肩部，是为山膀。有单山膀和双山膀。（见图2-2-11）

提襟：男、女各以男拳和女拳为形，手臂成圆弧形，置于身体的侧斜前方，其位置大体与身体的胯部持平，是为提襟。（见图2-2-12）

顺风旗：男、女各以虎口掌和兰花掌之形，一手托掌，一手山膀，是为顺风旗。（见图2-2-13）

扬摊掌：男、女各以虎口掌和兰花掌为形，一手扬掌，手心朝里，一手摊掌，手心朝上，是为扬摊掌。（见图2-2-14）

图2-2-9

图2-2-10

图2-2-11

图2-2-12

图2-2-13

图2-2-14

图2-2-15

托按掌：男、女各以虎口掌和兰花掌为形，一手托掌，一手按掌，是为托按掌。（见图2-2-15）

山膀按掌：男、女各以虎口掌和兰花掌为形，一手山膀，一手按掌，是为山膀按掌。（见图2-2-16）

双展翅：男、女各以虎口掌和兰花掌为形，双手于身体两旁向上45°伸直，像翅膀一样，是为双展翅。（见图2-2-17）

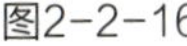
图2-2-16

图2-2-17

你知道古典舞和民族舞的区别吗?

古典舞作为我国舞蹈艺术中的一个类别，是在民族民间传统舞蹈的基础上，经过历代专业工作者提炼、整理、加工、创造，并经过较长期艺术实践的校验流传下来的具有一定典范意义的古典风格的特色舞蹈。但是古典舞和民族舞存在差异。

技巧要求不同

古典舞要求技巧性更高，而且对演员的软度要求也更高。

民族舞由于舞种的不同，要求也不同，有的需要对器械有较强的控制力(如蒙古舞的顶碗)，有的需要较好地把握身体姿态(如傣族舞的“三道弯”)。

模式化程度不同

古典舞的成型时间较短，虽然已有一套完整的体系，但是随着新思想的不断涌入，可变性增加。

民族舞历史悠久，各民族的舞蹈彼此之间的差异很大，但是模式化程度很高。

舞蹈演员表现的感情基调不同

古典舞演员在舞台上需要更多情绪的变化，有喜、有悲，处理感情要更加细腻。一个眼神、一个微笑都要恰如其分。

民族舞的整体感情基调是高昂的、活泼的、奔放的，充满喜气，不带忧郁。

观看时的视觉感受不同

舞台上的古典舞演员，俯瞰时宛如一支正在写字的毛笔，“运笔”时急时缓，偶尔还会笔锋一转，而正视时又像五线谱上跃动的音符，时起时落，变化万千。

民族舞更多的是营造宏大的场面，就像是在舞台上铺开了一张活动的画卷，每一个演员都是画卷上不可或缺的、最闪亮的元素。

承载的历史和文化底蕴不同

总的说来，古典舞表现了中国历史和文化的深度，而民族舞表现了中国历史和文化的广度。

古典舞承载着厚重的历史和文化底蕴。重大的历史事件和重要的历史人物频频在古典舞作品中出现，我们可以从中看到一个时期它所特有的时代背景和人文风貌。即使作品中出现的是一些虚构的事件和一些虚构的人物，但是事件也具有深刻的意义，人物也具有鲜明的个性。古典舞应该是中国舞蹈历史纵向集成的产物，它表现的是中国历史、文化发展的特点。

民族舞源于工作和生活，它所展现的是各民族人民日常工作和生活中的一些小事。但是这些小事也并不是没有意义的，我们可以从中看到人类对回归自然的渴望、人与人之间的团结互助精神以及人们对恬静生活的向往等内在涵义。全面认识民族舞能更全面地了解中国的历史和文化，因为民族舞将各个民族的特点充分地表现出来，这种表现是不加掩饰的，是原汁原味的。

## 二、古典舞基本脚位与舞姿训练

1. 掌握中国古典舞的基本脚位。
2. 掌握中国古典舞基本舞姿的要领。

图2-2-18　古典舞

（一）基本脚位

正步位：两腿直立并拢，双脚紧靠。脚尖对正前方，身体与头均向正前方，两眼平视前方，双臂自然松弛地垂于身侧。重心支撑点有意识地移到前脚掌上。（见图2-2-19）

小八字步：面对正前方1点，两眼平视前方，身体直立，肩部自然端正。两脚跟相靠，脚尖分别对2点和8点，形成小八字状。双臂自然松弛地垂于身侧。（见图2-2-20）

大八字步：大八字步的动作是在小八字步的基础上，将两脚分开约与肩部的垂直线同宽，是为大八字步。大八字步的教学要求和叉腰站立的做法均同小八字步。

丁字步：丁字步有左、右丁字步之分，均以做动作时脚放置的位置命名。左丁字步需要身体直立，肩部自然端正，双手自然下垂于身侧，双腿直立，左脚脚跟紧靠右脚脚弓处。两脚脚尖分别向2点、8点，呈丁字状；右丁字步则动作方向相反。（见图2-2-21）

踏步：左脚尖向前，右脚向左后踏，脚掌着地，与左脚跟成一横线，左脚直立为

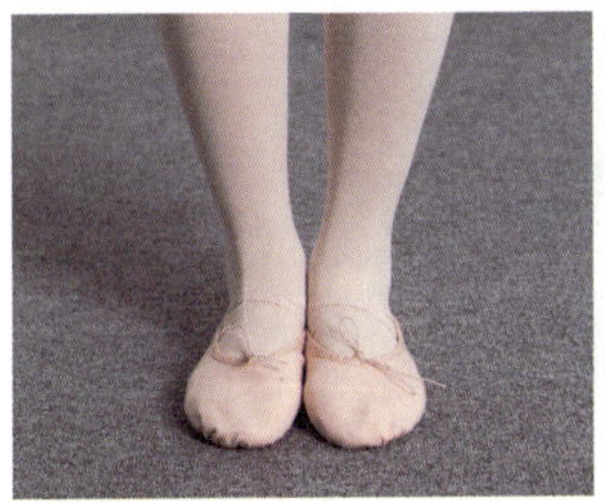

图2-2-19　正步位

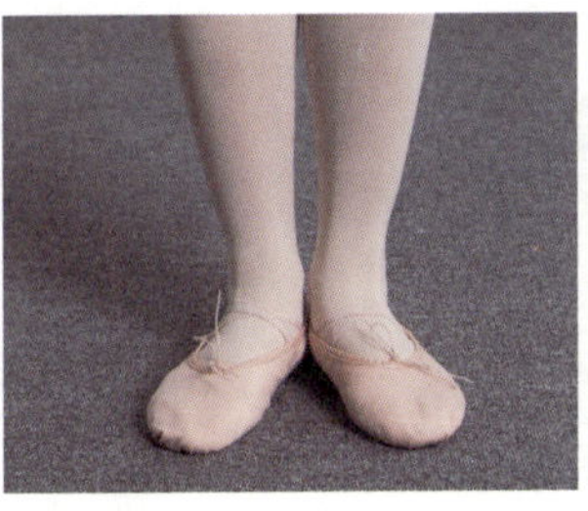

图2-2-20　小八字步

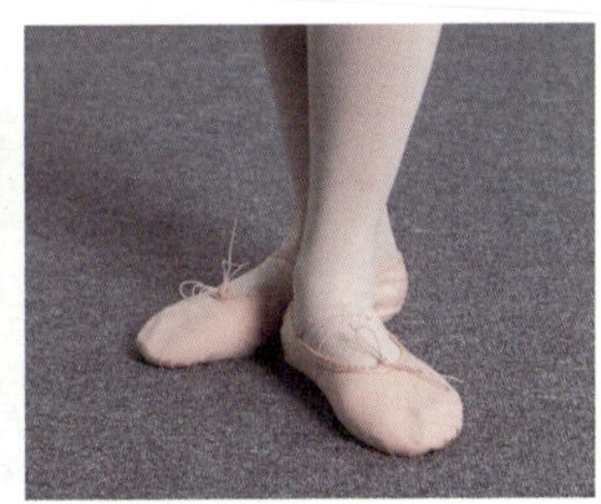

图2-2-21　丁字步

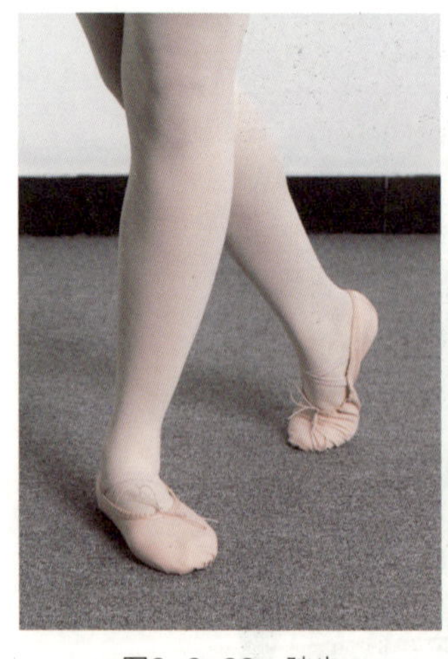

图2-2-22 踏步

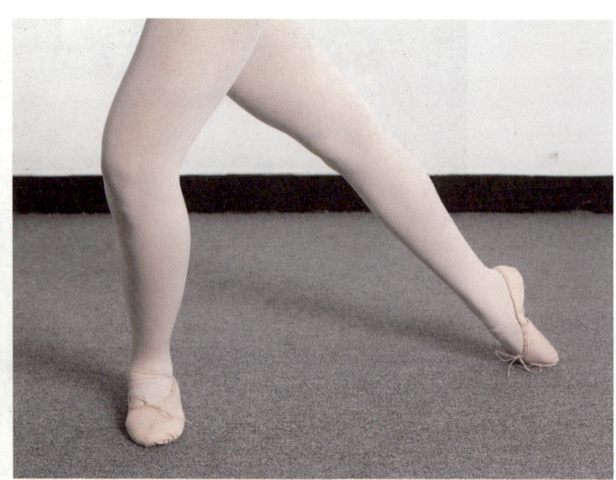

图2-2-23 大掖步

重心，右脚微屈，两膝前后重叠。（见图2-2-22）

大掖步：在踏步的基础上，右脚继续向后伸直，绷脚背点地。左脚蹲，重心在左脚上。（见图2-2-23）

弓箭步：分为前弓箭步和旁弓箭步。前弓箭步是在丁字步的基础上，前脚直线向前迈出，屈膝蹲，重心在中间。旁弓箭步就是原本向前的腿向旁边打开。（见图2-2-24）

扑步：在横弓箭步的基础上，完全蹲下，上身向前蹲。（见图2-2-25）

前点步：在丁字步的基础上，前脚向前擦出点地，双腿膝盖伸直，保持外开，重心在后脚上。（见图2-2-26）

后点步：在丁字步的基础上，后脚向后擦地点地，双腿膝盖伸直，保持外开，重心在前脚上。（见图2-2-27）

图2-2-24 弓箭步

图2-2-25 扑步

图2-2-26　前点步

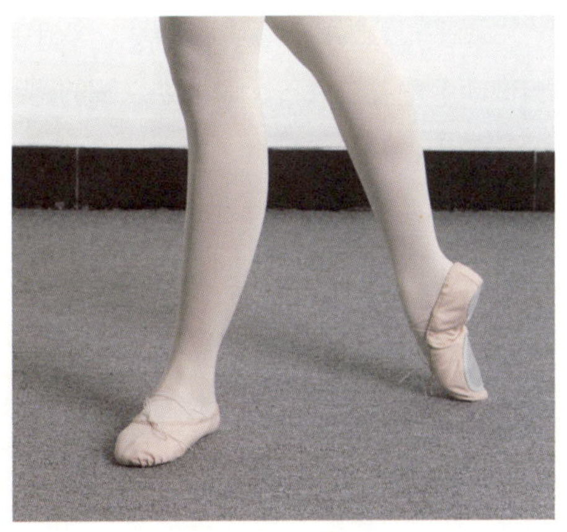
图2-2-27　后点步

（二）基本舞姿

中国古典舞蹈中的舞姿非常丰富，其基本动作具有高度的雕塑性。它不仅是一种富有表现力的舞蹈，也使跳跃、旋转与翻身等技巧具有强烈的雕塑性。基本舞姿要求腿部、躯干、手臂、头和眼睛（视线）等有高度的协调性。因此，基本舞姿的训练实际上也是掌握古典舞风格的手段。

立身射燕：双脚踏步准备，后脚绷脚弯曲抬起，两膝盖夹紧，双手为顺风旗。（见图2-2-28）

探海：双脚丁字步准备，后脚绷脚伸直抬起90° 以上，上身前压，双手山膀。（见图2-2-29）

图2-2-28　立身射燕

图2-2-29　探海

晃手：分为单晃手和双晃手。双手自然下垂，提腕带动手臂由下至头顶，然后压腕带动手臂慢慢落下，形成划立圆的路线。

云手：是上身经过“右旁提—后仰身—左旁提”的大幅度运动过程，双手间距要适当放大。腿部要有弯曲移动重心的过程，身体要有深含的过程，右手“正平穿”，左手“正平穿”带动直腿立腰，又成右旁提，与前面左右对称。（见图2-2-30）

图2-2-30　云手

## 古典舞腰部训练及要求

腰是身体运动和舞蹈动作的轴心，而腰的动作又是掌握繁难舞姿和技巧的动作基础，如风火轮、卧鱼、斜探海、探海、紫金冠跳、双飞燕跳以及翻身等都是以腰为主的动作。腰的训练目的是增强舞蹈演员腰部柔韧性和灵活性。此外，腰的动作也是舞台表演上经常直接采用的舞蹈动作。

腰部训练的要求：

1. 腰的训练可先采用慢速或中速音乐伴奏，然后再用快速音乐，这样可以训练腰部具有灵巧的运动能力。

2. 可将两项以上不同舞姿的腰的动作组合起来练习。

3. 常用的组合如涮腰卧鱼、穿掌扑步风火轮。

4. 可以作为各种舞姿、大踢腿、旋转、跳跃等组合的衔接动作或结束动作。

图2-2-31

## 三、古典舞身韵练习

图2-2-32　舞蹈《相和歌》

所谓“身韵”，顾名思义，“身”即身法，指中国古典舞的外部表现技法；“韵”即韵律，指中国古典舞的内在气韵。身韵的产生使古典舞摆脱了对古典戏曲舞蹈的依附，从而形成了自己的舞蹈模式和特征，这些艺术特征直接影响、规范着古典舞的艺术创作。

1. 通过学习丰富的腰部动作与呼吸韵律配合，训练学生的躯干表现力。
2. 掌握中国古典舞身韵的基本元素。

### （一）基本坐姿

盘腿坐：中国古典舞的基本坐姿为盘腿坐。双腿交叉盘起，双手手腕轻搭于膝盖，自然放松，后背挺拔。（见图2-2-33）

图2-2-33

（二）身韵基本元素

沉：在坐姿的基础上，吐气，由腰开始顺着脊柱的方向一节一节地下沉，直到气沉丹田，形成胸微含的姿态。（见图2-2-34）

提：在沉的基础上，提气，同样由腰开始顺着脊柱的方向一节一节地上提，直至感觉头顶虚空的感觉，整个后背延伸拉长。（见图2-2-35）

腆：是在1点的运动。整个上身在提的基础上，由胸腔带着向1点顶出去，颈部拉长，双眼平视前方，使肩和胸腰完全舒展开。（见图2-2-36）

图2-2-34

图2-2-35

图2-2-36

图2-2-37

冲：是在2点和8点的运动。以2点的冲为例，同样是在提的基础上，由右胸腔带着，整个上身往2点推出去，上身微转向2点，眼睛看冲的方向。8点的冲与2点的要领一样，只不过方向相反。注意不能用肩膀带动。（见图2-2-37）

横移：是在3点和7点的运动。以3点的横移为例，整个上身在提的基础上，腰肋向3点平行移出，注意身体要放平，不能倾斜。7点的横移与3点的要领一样，只不过方向相反。（见图2-2-38）

靠：是在4点和6点的运动。以4点的靠为例，整个上身在沉的基础上，由右侧腰带着，放松地下沉至4点，一定要吐气放松。6点的靠与4点的要领一样，只不过方向相反。（见图2-2-39）

含：是放大了的沉，要领与沉一样，只不过要再放大。腰椎形成弓形，背后靠，含胸裹肩，头使劲往里。（见图2-2-40）

旁提：躯干旁腰由下至上做弧形运动，要求从髋关节到腰椎，腰肋往上顶，而非下旁腰。（见图2-2-41）

图2-2-38

图2-2-39

图2-2-40

图2-2-41

云间转腰：就是把1点到8点对应的身韵元素连接起来，完成一圈的运动。依次为：腆—右冲—右横移—右靠—含—左靠—左横移—左冲。

身韵遵循的“欲左先右”、“欲上先下”、“欲开先合”等“从反面做起”的运动规则，与“平圆、立圆、八字圆”的“三圆”路线规则，这类似身韵语言的“语法”。

这些方面构成了身韵语言的内部结构，加上身韵“形、神、劲、律”的表现方式，使中国舞具有了中国文化特色的舞蹈美学。

（三）身韵口诀

1. “心里没有，身上白走”——强调动作时意念、感觉的重要性。

2. “满、赶、闪”——指动作中要分清“平均节奏、符点、切分”。

3. “立如松、动如风、静若处子、动若脱兔”——比喻静止时要心态稳重、动作时要敏捷灵活。

4. “慢而不断、快而不乱”——要求慢板动作中连贯圆润，快速动作干净利索。

5. “移带手、含让手、腆推手”；也可称“身让手、胸推手”——强调动作过程中哪里主动、哪里被动，如“云间转腰”。

6. “刚而不拙、柔而不懈、韧而不僵、脆而不浮”——强调“阳刚”和“柔韧”型的动作。

7. “形已止、意无穷、动已静、神未止”——要求动作中要有延伸感。

8. 行云流水、藕断丝连、点中有线、线中有点——形容动作中要流畅通顺、连绵不断、节奏分明。

9. “矫若游龙、形如旋风”——比喻古典舞动作中“圆、游、变、幻”的感觉。

10. “心与意合、意与气合、气与力合、力与形合、形与神合”——形容动作要有从内到外的感觉。

地面压腿

压前腿

压前腿是以坐姿为基本姿态，双腿并直平伸，双腿在勾和绷的形态上，结合平伸手、双托掌手位，以拉伸柔韧度为训练目的的一个基本动作。在地面以髋关节为支点，躯干直立、气息松弛地存于横膈膜处，同时向前延伸和向下压。（见图2-2-42）

准备：坐姿。

动作：躯干直立，气息松弛，双手经平伸手到双托掌手位，并带动躯干向腿部贴拢。

教学要求：整个动作过程要保持腿部的伸直和躯干的伸展。

图2-2-42

压后腿

压后腿是以坐姿为基本姿态，前腿绷脚吸腿，后腿在外开、绷直的形态上向后向远拉伸。上身保持直立，两眼平视前方，与前腿同侧的手臂置于斜下位，撑地以保持身体平衡。与后腿同侧的手臂形成托掌舞姿，带动身体向后下压。（见图2-2-43）

准备：（以左腿为例）坐姿，面向3点或7点，吸左腿，伸直右后腿，右手托掌、左手撑地。

动作：以托掌手为引领，带动身体向正后方下压，向后向远延伸至最大限度。

教学要求：

1. 后腿的胯根、膝关节、踝关节要做到外开、绷直，力量要集中在脚尖向远延伸。

2. 后背要在直立的形态上以后胯根为断切点向下压，双肩要与髋部保持平正。

图2-2-43

压旁腿

压旁腿有两种基本方式：

1. 双腿分别形成吸腿和旁腿，手位成托、按掌手位压旁腿。

2. 在横叉的姿态上压旁腿。（见图2-2-44）

准备：（以左腿为例）坐姿，右腿吸腿、后背直立，左腿向旁向远伸直，双手成托按掌舞姿。

动作：在准备的姿态上，以托掌手引领，并带动身体向直膝伸直的一条腿贴拢。

教学要求：

1. 身体直立，腿部外开，并在整个动作过程中保持这一姿态。

2. 向旁下压时强调翻胸，肩背部位与旁腿贴拢。

图2-2-44

# 第三节
# 现代舞基础训练

现代舞是20世纪初在西方兴起的一种与古典芭蕾相对立的舞蹈派别。其主要美学观点是反对古典芭蕾的因循守旧、脱离现实生活和单纯追求技巧的形式主义倾向，主张摆脱古典芭蕾舞过于僵化的动作程式的束缚，以合乎自然运动法则的舞蹈动作，自由地抒发人的真实情感，强调舞蹈艺术要反映现代社会生活。（见图2-3-1、图2-3-2）

图2-3-1 现代舞

## 一、呼吸练习

现代舞中的呼吸是一门技巧，舞蹈的表演不仅仅是外在肢体的展现，更是一种内在情感的宣泄。因此，学习现代舞过程中对气息的掌握尤为重要。

图2-3-2 现代舞

学习任务

了解呼吸的运用，培养学生对身体的高度控制能力。

图2-3-3

（一）着装要求

现代舞是为反抗传统芭蕾僵硬、刻板的模式以及解放舞者受到禁锢的双足而产生的，因此现代舞的技巧课通常是赤足上课，其他如紧身衣及裤袜等基本服装，则和上芭蕾课时相同，只不过现代舞因为是赤足上课，因此必须穿无底袜。

头发不一定要绑成发髻，但应该保持清爽，梳整齐。身上的饰品或其他物品如手表、耳环、眼镜等，应当卸下以免掉落造成意外伤害。

（二）基本站姿

现代舞的站姿与其他舞蹈的站姿有一定的区别，要求双脚与肩同宽打开，双脚的脚尖一定要朝前，不能外开，双手自然下垂于身体两侧，身体自然放松。手型没有特别的要求，放松就可以了。（见图2-3-3）

（三）呼吸练习

现代舞中呼吸的视觉很明显，瞬间的凝聚爆发，瞬间的全身松懈，瞬间的腾跳翻转，瞬间的跌倒落下，在激烈的动作中一刹那屏住呼吸停顿静止等都是依靠呼吸的运转，从而使观众在视觉上得到美的享受。现代舞中灵活自由的动作是由不同的呼吸节奏来控制的，呼吸有长短、动静、轻重、缓急、停顿，其中就包含着节奏的性质，它直接作用于舞者的肢体动作，舞者在表演时，其舞蹈动作的延续、重复、变化与力度、幅度、速度的变化相配合，使含有种种情感动作的舞姿呈现于舞台之上，给观众以美的享受、艺术的熏陶。我们可以看到呼吸在现代舞训练、表演中的重要性。

准备：双脚冲前与肩同宽直立站好，双手自然下垂于身体两侧。调整状态全身放松。

吐气，低头。（见图2-3-4）

继续吐气，上身由头带着，放松着一节一节往下弯曲，双手自然掉下去。（见图2-3-5）

吸气，身体顺着脊柱的方向，一节一节往上伸展，回到准备姿势，头要留到最后才起。（见图2-3-6）

继续吸气，双手顺着身体的两侧往上撩至头顶伸直。（见图2-3-7）

配合呼吸，一只手往上延伸时吸气。（见图2-3-8）

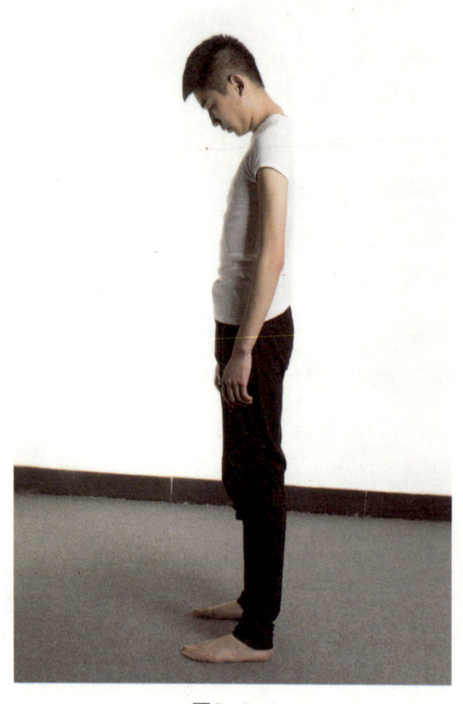

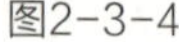

图2-3-4

图2-3-5

图2-3-6

图2-3-7

图2-3-8

图2-3-9

吐气，双手回正。另一只手同理。（见图2-3-9）

吐气，双手从头顶经过旁边自然放下。（见图2-3-10）

图2-3-10

在现代舞教学中必须高度重视气息的重要作用，使学生对气息形成科学的认识，并掌握科学的呼吸方法。在现代舞的教学和训练过程中要把握住各种舞蹈动作对气息的要求，使气息与动作紧密结合，始终贯穿于动作之中，促使气息系统化、科学化、规范化。

### 现代舞六大技巧

现代舞技巧以开发肢体潜能为主要目标，有别于芭蕾或各种固定形式的舞蹈技巧，现代舞讲求的是以肢体作为传达喜、怒、哀、乐的工具，因此“唯美”并非主要的训练目标。

葛兰姆技巧（Graham Technique） 玛莎·葛兰姆（Martha Graham）以“收缩与延展”（Contraction & Release）为其动作原理，技巧训练注重于收缩下腹部肌肉以凝聚动力，再将此动力发放以延伸动作至更远、更高、更长。地板训练包括坐姿、跪姿及躺姿；站立动作以重心移转、平衡及延展为主；流动组合以走、跑、跳、转以及三拍子的变化为主要的训练诉求。

韩福瑞技巧（Humphrey Technique） 杜丽丝·韩福瑞（Doris Humphrey）

图2-3-11

以“跌落与复原”（Fall & Recovery）为其动作原理，技巧训练以摆荡（swing）与重心转换（weight shift）时所产生的动力为主，形成“起动、滞留、落下、再起”的弧形动作循环。韩福瑞的动作训练模式，也可以引申至宇宙万物间周而复始的现象，是舞蹈技巧训练蕴含人生哲学的重要范例。

李蒙技巧（Limon Technique） 荷西·李蒙（José Limon）为韩福瑞的嫡传弟子，其技巧训练原理基于韩福瑞技巧，再注入李蒙个人的钻研心得。除了保留以摆荡与重心转换的“跌落与复原”基础外，李蒙技巧更加强调动作的圆滑顺畅，以及肢体各部位的分解动作练习。李蒙视肢体各部位为单一乐器，当全身活动时，就犹如一场交响乐，多种乐器共同演奏动人的旋律。

何顿技巧（Horton Technique） 列斯特·何顿（Lester Horton）是著名黑人舞蹈家艾文艾利（Alvin Ailey）的启蒙老师，在何顿死后，艾利成为何顿技巧的主要继承人。何顿技巧注重肢体线条的延伸、拉长，也试图挑战人体平衡的极限，因此多有单点着地而其他肢体部位朝反向伸张的动作训练。何顿的动作灵感多数来自原始族群或古代遗迹的形象，例如古埃及的二度空间式壁画中之形体便演变为其基本动作训练之一。

放松技巧（Release Technique） 发源于20世纪60年代的美国纽约市下城，由当时活跃于杰德森教堂（Judson Church）的年轻人不断探索与实验肢体的潜能，经由接触即兴衍生而成。肢体的活动形态与动作的动力既不过度使用，也不全然放松，而是任其形成一股延续不断的精力，使得肢体从某一动作延展至下一个或数个动作。活用运动生理学及解剖学的知识，延展技巧可以使肢体在最省力的状况下，让全身的骨骼、肌肉贯连合一，完成一连串的肢体动作。

自由形式（Free Form or Eclectic Style） 当后现代舞蹈（Postmodern dance）于20世纪的60年代兴起后，固定形式的现代舞技巧训练便逐渐受到前卫舞蹈艺术家们的批判，转而以自由发挥作为动作训练的主要形式。除了突显教授者的个人风格外，自由形式的肢体训练也包含对于时间、空间及能量的各种探索，通常是从日常生活的基础行动如走、跑、跳、转、蹲、滑等衍进而成。

## 二、地面与放松练习

图2-3-12

通过现代舞的地面训练，让学生的肢体得到解放；通过训练肌肉的紧绷与松弛，为个人的整体素质奠定基础。

对于我们来说现代舞是一门新兴的舞蹈。现代舞起源于西方，前几年在专业舞校中开始普及，这两年已于各大高校普及，所以当代大学生不学习现代舞是不行的。学习现代舞，首先要学会现代舞的发力方式，掌握呼吸的技巧，提高身体的灵活性从而提升自身的舞蹈能力。现代舞强调能力，这就对每一个学生都提出了一个新的要求，就是能力的训练。现代舞喜于地面动作，喜于身体的无限扩张、收缩和放松、倒地和爬起，从而形成一种自然美、不造作的优美舞姿。这些，都是学生应该在学习过程中掌握的。

（一）地面练习

躺地：基本站姿准备，由头带着，顺着脊柱往下一节一节的放松，接着双腿屈膝，直到整个人完全蹲下，然后臀部先接触地面，慢慢放松躺下。整个人呈“大”字型。（见图2-3-13）

图2-3-13

收缩：靠腰的带动，整个人在身体的每个部位都不离开地板的状态下，把自己收缩到最小。（见图2-3-14）

图2-3-14

扩张：在收缩的基础上，身体的各部位同样不离开地面，慢慢打开成最初的“大”字型，把收缩的过程倒着做一遍。

爬起：在躺地的基础上，头带动身体向上卷曲，一节一节收紧，经颈椎到胸椎至尾椎直至身体离开地面，双腿伸直，整个上半身呈垂直于地面状完全掉下，双手轻触地面，然后再慢慢地由尾椎到胸腰到颈部最后到头起来。一定要记住整个人保持非常放松的状态。（见图2-3-15）

（二）放松练习

1. 基本站姿准备，双手顺着身体两侧，慢慢撩至头顶。（见图2-3-16）

2. 经过屈膝，双手从前往后甩，最后双腿伸直，上身前倾，双手停留在背后上方。（见图2-3-17）

3. 动作2反向回来，回到了动作1。（见图2-3-18）

4. 动作2和3整体连贯在一起，感觉双手像个钟摆一样，摆荡不停。

图2-3-15

图2-3-16

图2-3-17

图2-3-18

5. 接动作3，双手从头顶打开至身体两旁，同样经过屈膝，快速一甩，身体和头朝旁倒下，双手反向延伸。（见图2-3-19）

6. 通过膝盖的伸直，身体回正，双手在身体的两旁打开。

7. 动作5反方向做一次。（见图2-3-20）

8. 回到动作6，双手自然落回身体两侧下垂。

9. 由头带着，身体往下放松，直至完全蹲下。结束。

图2-3-19

图2-3-20

## 练好现代舞的基本要素

学好现代舞，需要注意以下环节。

（一）松弛的活动。在剧烈训练之前，学会把身体先放松下来，并渐渐进入舞蹈状态，给身体各部位一个舒服的伸展机会，令肌肉处于待发状态。

1. 双脚平行站立，与胯同宽，全身松弛，手臂自然下垂，呼吸均匀。

2. 头先动，在不断下垂过程中带动脖子、肩、胸、腰、胯、膝，并伴随下蹲动作，整个过程手臂自然向下，直至接触地面，同时完成全蹲过程；此动作按照完全相反的步骤渐起，还原成准备姿态。

3. 以手腕带动慢慢提起小臂，再以手掌引领向上推直整条手臂，继而带起全身立半脚尖，加上身体的旁提，顺势视线向下。

4. 双手交替小幅度向前移动，直至双腿伸直，但脚后跟往后顶住不得前送。以臀部为先，向上翘起，同时双手推地，双腿双臂均伸直成“∧”状。

图2-3-21　现代舞

5. 头顶带动向旁弯下，引领躯干至腿脚，霎时放松全身，经过完整的下弧线至另一方向。手臂向远伸出，再由手指尖顺胸线向另一方向钻出，眼随手动。单腿外开勾脚下滑，直至最低点，瞬间继续往远发力，成绷脚胯着地翻滚，同时双手臂放松。

（二）地面的活动。地面动作是现代舞对整个舞蹈界在动作开发方面的一个巨大贡献。为了让学生更好地在地面展示各种精彩的现代舞动作语汇，必须经过一个简单元素的练习过程，以此为将来奠定无限自由发挥的基础。

第三章

# 民航服务人员体能素质训练

学习任务

本章主要让学生掌握肌肉能力训练的方法，在练习过程中，要严格按照每个动作的要领进行活动。每组训练要到位，每组次数要做足。

# 第一节
# 耐力训练

## 一、体能与耐力训练

体能，即身体素质水平的总称，是运动员在专项比赛中体力发挥的最大程度，也标志着运动员无氧训练和有氧训练的水平，反映了机体能量代谢水平。体能即人体适应环境的能力，包括与健康有关的健康体能和与运动有关的运动体能。

耐力训练是指在一定强度下，在一定时间内，重复同一运动周期的运动，是一种增强呼吸、心血管功能和改善新陈代谢的锻炼方法，一般属于中等强度的训练，采用的是大肌群的练习，这种方法可取得较好地发展体力的效果。其对象主要为一般健康人。

耐力也是反映人体健康水平或体质强弱的一个重要标志，主要包括有氧耐力和无氧耐力。有氧耐力是指长时间进行有氧供能的工作能力。多采用长跑、长距离游泳等方法训练有氧耐力。负荷强度为最大负荷强度的75%~85%，心率在140~170次/分钟，

图3-1-1

时间最少5分钟，一般在15分钟以上。无氧耐力是指在缺氧状态下，长时间对肌肉收缩供能的工作能力。常采用短时间、最大用力和短暂休息的重复运动的方法进行无氧耐力的训练。如快速的间歇跑、重复跑、400米跑、对抗性球类比赛等。

知识链接

近20年来耐力训练被广泛用于增进健康及预防慢性病。尤其是冠心病及过度肥胖。耐力性锻炼的方式有步行、健身跑、游泳、骑自行车、划船、登山及某些球类运动，也可因地制宜采用原地跑、跳绳、爬楼梯等方式。

说一说

先说我自己的认为吧!我认为毅力就是体力的一部分，只要体力上去了，毅力也会跟着提高，不过我说的也许不是最好的，还是给你看看普遍的答案吧……

素质下降最主要的原因是身体锻炼的时间少了。我们经常听到学生抱怨，“学习太紧张了，连打球的时间都没有”，“军事课太枯燥了，不是体能训练就是向左向右转”，“学校的操场小、人又多，根本没有地方锻炼”……种种原因使得年轻学生远离运动场。

从心理上说，毅力属于意志的范畴，作为意志的一种基本品质，毅力也是人们为实现一定目的而去克服困难的心理过程及其行为表现。这里有两点应该明确：第一，毅力是在克服困难的心理过程中表现出来的；第二，克服困难又是为实现一定的目的。明确了这两点，对于我们锻炼毅力很有好处。

图3-1-2

## 二、增强毅力的方法

一是强化正确的动机。人们的行动都是受动机支配的，而动机的萌发则起源于需要的满足。什么也不需要或者说什么也不追求的人，从来没有动机。每个人都有各自的需要，也有各自的追求，只是由于人生观的不同，不同的人总是把不同的追求作为自己最大的满足。斯大林说：伟大的目标产生伟大的毅力。从奥斯特洛夫斯基和张海迪身上，我们可以充分地看到，崇高的人生目标怎样有力地激发出坚韧的毅力。

二是从小事做起，可以锻炼大毅力。李四光一向以工作刻苦、一丝不苟著称，这与他年轻时就锻炼自己每步走0.8米这类的小事不无关系。道尔顿平生不畏困难，这从他50年天天观察气象而养成的韧性中获益匪浅。高尔基说："哪怕是对自己的一点小小的克制，也会使人变得强而有力。"生活一再昭示，人皆可以有毅力，人皆可以锻炼毅力，毅力与克服困难相伴。克服困难的过程，也就是培养、增强毅力的过程。今天，你或许挑不起100斤的担子，但你可以挑30斤，这就行。只要你天天挑，月月练，总有一天，100斤的担子压在你肩上，你也能健步如飞。恽代英说得深刻：立志需用集义功夫。所谓集义者，即在小事中常用奋斗功夫也。

三是培养兴趣能激发毅力。有人说兴趣是毅力的门槛，这话是有道理的。法布尔对昆虫有特殊的爱好，他在树下观察昆虫，可以一趴就是半天。诺贝尔奖获得者丁肇中说，我经常不分日夜地把自己关在实验室里，有人以为我很苦，其实这只是我兴趣所在，我感到"其乐无穷"的事情，自然有毅力干下去了。当然人的兴趣有直观兴趣和内在兴趣之分，但两者是可以转换的。例如，有的人对学外文兴味索然，可他学好

图3-1-3

外文是建设四化的需要，对这个需要，他有兴趣，因此他能强迫自己坚持学外文。在学的过程中，对外文的兴趣也就能够渐渐培养起来，这反过来又能进一步激发他坚持学外文的毅力。一个人一旦对某种事物、某项工作发生内在的稳定的兴趣，那么，令人向往的毅力就会不知不觉来到他身边。

四是由易入难，既可增强信心，又能锻炼毅力。有些人很想把某件事情善始善终地干完，但往往因为事情的难度太大而难以继续。对毅力不太强的人来说，在确定自己的奋斗目标、选择实现这一目标突破口时，一定要坚持“从实际出发，由易入难”的原则。

## 三、耐力素质练习的方法

耐力素质练习的方法较多，而且各种方法都有其各自的特点。总的来说，这些特点基本上又体现在耐力素质练习过程中，体现在练习强度、持续时间、间歇时间与方式、重复次数等因素的组合与变化上。目前，常用的耐力练习方法主要有以下几种：持续练习法、重复练习法、间歇练习法、变换练习法、游戏与比赛练习法、高原训练法、循环练习法。

图3-1-4

### （一）持续练习法

持续练习法是指在相对较长的时间里（不少于30分钟），以较为恒定的强度持续地进行练习的方法。持续练习法具有持续刺激机体的作用，有利于改善大脑皮层神经的均衡性，提高心血管系统和呼吸系统的功能，能较经济地利用体内储备的能量，有利于发展有氧耐力和一般耐力。持续练习法由于持续时间较长，又没有明显的间歇，所以总的练习负荷量较大。但是练习时的强度较小，而且比较恒定，变化不大，一般在60%的强度上下波动。练习对机体产生累积性的刺激比较和缓。持续练习时，内部负荷心率一般控制在140~160次/分钟为宜，优秀运动员可达160~170次/分钟。

构成持续练习法基本要素是重复练习的方式、时间与强度，在方式固定的情况下，练习的时间与强度可作相应调整，如练习强度大，时间可缩短；练习强度小，则适当延长练习时间。

（二）重复练习法

重复练习法是指不改变动作结构和数量，在相对固定的条件下，按照既定间歇要求，在机体完全恢复的情况下反复进行练习的方法。重复练习法能使能量物质的代谢活动得到加强，并产生超量补偿与积累，既有利于发展有氧耐力，又有利于发展无氧耐力。重复练习法每次练习的负荷量与强度可大可小，根据具体任务、目的而定。由于每次练习前均需恢复到原来开始练习前的水平，即心率在100~120次 / 分钟的水平，故每次练习可以保证强度在中等偏大或极限强度（90%~100%）范围内，从而使有机体的耐力水平得到有效的提高。如长时间的重复练习，强度稍大于持续练习法，有利于有氧耐力的提高，而强度在90%以上的练习，则有利于无氧耐力的发展。

（三）间歇练习法

间歇练习法是指在一次（或一组）练习之后，按照严格规定的间歇负荷和积极性间歇方式，在机体未完全恢复的情况下从事下一次（或一组）练习的方法。

间歇练习法与重复练习法相似，主要区别在于间歇上的不同要求。重复练习法的间歇是采用完全恢复的间歇负荷和无严格规定的间歇方式（多以消极性的静息为主）进行的。而间歇练习法则是以未完全恢复的间歇负荷和积极性的间歇方式进行的。运动员总是在未完全恢复的状态下进行下一次练习，有明显的疲劳积累，对机体的刺激强度较大。间歇练习法间歇后心率一般在120~140次 / 分钟，明显高于重复练习法，但其练习强度因间歇负荷水平较高而无法达到重复练习法的水平。练习时一般心率在170~180次 / 分钟，负荷强度70%~80%，有利于提高机体的心肺功能和无氧代谢能力。

间歇练习法的持续时间与练习强度之间形成一种对应关系，强度大、时间少；强度小、时间稍长。据此间歇练习法可分为“低强度间歇练习法”和“高强度间歇练习法”。

（四）变换练习法

变换练习法是指在变化各种因素的条件下反复进行练习的方法。由于耐力练习比较枯燥，采用变换练习法可以在一定程度上提高学生的练习兴趣和积极性，从而提高练习的效果。变换练习法所变换的因素一般有练习的形式、练习的时间、练习的次数、练习的条件、间歇的时间、方式与负荷等。以上因素只要改变其中一个因素，就会由于这一因素的变化对学生机体造成负荷刺激的变化。因而变换练习法的核心是变换运动负荷。变换运动负荷的形式一般有三种：第一种是不断增加负荷；第二种是不断减少负荷；第三种是负荷时增时减。

图3-1-5

在实际练习中究竟采用哪一种形式，应视具体情况而定。如要加大对机体的负荷刺激，就要增加负荷。如要提高机体对负荷刺激的适应能力，就应注意负荷的变化，时增时减。“法特莱克法”是变换练习法的一种特殊形式，也可以理解为一种由持续练习法和变换练习法综合而成的组合练习法。其特点是在各种变换的外界自然环境条件下进行持续、变速的跑的练习，时间长达1~2个小时，强度自我调节，有节奏的变化。如在草地、树林、小丘、小径等自然条件下，把快慢间歇跑、重复跑、加速跑和走等方法不规则地混合起来练习，跑的距离可为5~15公里。法特莱克法对练习的过程没有明确的限制，学生可自由选择地形、确定速度和路线。因此，这种方法能使耐力练习变得较为生动，使得运动员在练习中能主动投入，积极进取，有利于发展一般耐力。变换练习法可以提高练习的兴趣和积极性，在运用时要注意贯彻循序渐进的原则，各种因素的变换一开始不能太突然，以免机体一下子不能适应，造成受伤。

（五）游戏与比赛练习法

游戏与比赛练习法是指运用游戏与比赛的方式进行练习的方法。这种方法能较快地提高学生练习的兴趣和积极性，并在练习中充分发挥主动精神，使机体能够承受较大强度的负荷，有利于提高有氧耐力和无氧耐力。游戏法与比赛法是两种有紧密联系的练习方法，比赛法是从游戏法发展而来的，但练习强度大于游戏法，故儿童少年时期发展耐力的方法不采用比赛法，一般由玩耍性的游戏练习逐步过渡到带有比赛性质的游戏练习。生长发育过程基本成熟后，就可采用比赛法来加大练习的强度，从而提高专项耐力水平。发展耐力素质的游戏法有球类游戏和田径游戏，常用的比赛法有训练课中安排的“练习赛”和“对抗性练习”等。无论是游戏法还是比赛法，都容易激发运动员的练习热情，以至难以控制自己。因此，采用游戏与比赛练习法时，应控制运动员的热情，掌握好运动负荷，以免因过于兴奋和体力消耗过大而造成机体损伤或机体工作能力下降。

（六）高原训练法

主要利用高原空气稀薄，在缺氧情况下进行训练。这有利于刺激机体，改善呼吸及循环系统的机能，提高最大吸氧能力，刺激造血功能，增加循环血中红细胞和血红蛋白的数量，提高输氧能力，因而高原训练具有提高运动员对氧债的承受能力，进而提高有氧耐力和无氧耐力的水平。

（七）循环练习法

循环练习时的各站内容及编排，必须符合专项特点的要求进行选择和设计，同时应根据“渐进负荷”或“递增负荷”的原则安排练习。以上所介绍的耐力练习方法基本上是单一类型。在实际发展耐力素质的练习过程中，往往还要采用综合练习法，即组合练习法和循环练习法。通过各种方法的综合排列，使得练习过程变化更大，更具选择性，从而有效提高耐力水平。

每次锻炼的时间不少于1小时，每周坚持3~5次。这种锻炼，氧气能充分酵解体内的糖分，还可消耗体内脂肪，像慢跑、骑自行车都是健身的主要运动方式。

# 第二节 有氧肌能训练

有氧运动也叫作有氧代谢运动，是指人体在氧气充分供应的情况下进行的体育锻炼。

即在运动过程中，人体吸入的氧气与需求相等，达到生理上的平衡状态。简单来说，有氧运动是指任何富韵律性的运动，其运动时间较长（约15分钟或以上），运动强度在中等或中上的程度（最大心率为75%~85%）。有氧运动的好处是：可以提升氧气的摄取量，能更好地消耗体内多余的热量。特点是强度低、有节奏、持续时间较长。要求每次锻炼的时间不少于1小时，每周坚持3~5次。通过这种锻炼，氧气能充分酵解体内的糖分，还可消耗体内脂肪，增强和改善心肺功能，预防骨质疏松，调节心理和精神状态，是健身的主要运动方式。常见的有氧运动项目有：瑜伽、步行、慢跑、滑冰、游泳、骑自行车、打太极拳、跳健身舞、做韵律操等。

有氧运动特点是强度低、有节奏、不中断和持续时间长。同举重、赛跑、跳高、跳远、投掷等具有爆发性的非有氧运动相比较，有氧运动是一种恒常运动，是持续5分钟以上还有余力的运动。

1．高抬腿

高抬腿，即为高抬腿运动，是较常见且简单易做的有氧运动之一。一般分为原地高抬腿与高抬腿跑两种。

动作要领：标准动作是在保持上身挺直的情况下，两腿交替抬至水平。

原地高抬腿：运动者的位置大致不发生变化的高抬腿运动。（见图3-2-1、图3-2-2）

高抬腿跑：运动者在交替高抬腿的同时向前（快速）移动。

高抬腿跑的主要作用是训练腿部力量，提高下肌肉群的蹬撑能力。长期练习可以起到增强腿部力量，扩大步幅，提高髋关节、膝关节，踝关节等下肢关节的力量、柔韧、协调性。

高抬腿跑，一般每次训练要做3组以上，跑动的距离在30~50米。原地高抬腿练习一般要做5组以上，每组50次以上。

原地高抬腿跑的训练目的是加强短跑学生的抬腿能力，锻炼步频，对加大步幅也有很好的效果。

图3-2-1

图3-2-2

短跑的技术要领是步幅大、步频高，如果抬腿能力不足，很难达到技术要求，很难跑出好的成绩。

每天做5组高抬腿，每组100个，练一个月，你跑步时脚步的频率会明显增加，跑步时步子的距离也会变大，跑步会跑得比以前快。

2. 爬梯

上的时候是两步一个台阶，这样可以有效拉伸屁股和大腿后部的肌肉；下的时候是一个台阶一个台阶地下，这是为安全考虑。这样上下来回100次，大约是30分钟。（见图3-2-3）

图3-2-3

3. 跳绳

跳绳是一种非常有效的有氧耐力运动。它除了拥有运动的一般益处外，更有很多独特的优点。跳绳每半小时消耗热量400卡，是一项健美运动，对心肺系统等各种脏器、协调性、姿态、减肥等都有相当大的帮助。女子更有优势。

（1）简单易行

跳绳花样繁多，可简可繁，随时可做，一学就会，特别适宜在气温较低的季节作为健身运动，而且对女性尤为适宜。从运动量来说，持续跳绳10分钟，与慢跑30分钟或跳健身舞20分钟相差无几，可谓耗时少、耗能大的有氧运动。

（2）锻炼多种脏器

经国内外专家研究，跳绳对心脏机能有良好的促进作用，它可以让血液获得更多的氧气，使心血管系统保持强壮和健康。跳绳的减肥作用也是十分显著的，它可以锻炼全身肌肉，消除臀部和大腿上的多余脂肪，使你的形体不断健美，并能使动作敏捷、稳定身体的重心。跳绳能增强人体心血管、呼吸和神经系统的功能。跳绳能增进人体器官发育，有益于身心健康，强身健体，开发智力，丰富生活，提高整体素质。跳绳时的全身运动及手握绳对拇指穴位的刺激，会大大增强脑细胞的活力，提高思维和想象力，因此跳绳也是健脑的最佳选择。鉴于跳绳对女性的独特保健作用，法国健身专家莫克专门为女性健身者设计了一种“跳绳渐进计划”。初学时，仅在原地跳1分钟，3天后即可连续跳3分钟，3个月后可连续跳10分钟，半年后每天可实行“系列跳”如每次连跳3分钟，共5次，直到一次连续跳半小时。一次跳半小时，就相当于慢跑90分钟的运动量，已是标准的有氧健身运动。（见图3-2-4）

图3-2-4

想一想

1. 怎样才能增强自己的毅力呢？
2. 有氧肌能训练能够塑造体形吗？

# 第三节 无氧肌能训练

无氧运动是指肌肉在“缺氧”的状态下高速剧烈的运动。无氧运动大部分是负荷强度高、瞬间性强的运动，所以很难持续长时间，而且疲劳消除的时间也慢。

运动时氧气的摄取量非常低。由于速度过快及爆发力过猛，人体内的糖分来不及经过氧气分解，而不得不依靠“无氧供能”。这种运动会在体内产生过多的乳酸，导致肌肉疲劳不能持久，运动后感到肌肉酸痛，呼吸急促。要想让自己的身体更强壮一些，可以到健身房去参加无氧运动。不过，在锻炼的时候，最好听从教练的指导，选择一个适合自己的训练计划。

俯卧撑

俯卧撑和握力一样，能够体现人体肌肉力量。不同之处在于握力反映手腕局部力量，而俯卧撑以上肢肌力为主，反映肌肉耐力水平，撑起和落下过程中胸部、脊背、上臂、前臂各大小肌群共同用力，腹部、臀部、大小腿肌肉群协调配合，故俯卧撑是反映全身肌耐力的代表性指标。

呼吸方法

一般情况下可以分两种呼吸方式：一种是每次俯卧时吸气（只能用鼻），撑时就呼气（可以用鼻和口）。另一种是做两次或者三次就做一次吸气和吐气。以自己感觉

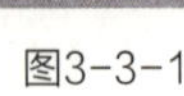

图3-3-1

图3-3-2

不到呼吸困难为准。注意每次只能用一种方式。（见图3-3-1、图3-3-2）

练习次数：5~15次，做4组。

测试注意事项：测试时，如果身体未保持平直或身体未降至肩与肘处于同一水平面，该次不计数。

表3-3-1　20~39岁成年人俯卧撑评分表

| 年龄 | 性别 | 1分 | 2分 | 3分 | 4分 | 5分 |
|---|---|---|---|---|---|---|
| 20~24岁 | 男 | 7~12 | 13~19 | 20~27 | 28~40 | >40 |
| 25~29岁 | 男 | 5~10 | 11~17 | 18~24 | 25~35 | >35 |
| 30~34岁 | 男 | 4~10 | 11~15 | 16~22 | 23~30 | >30 |
| 35~39岁 | 男 | 3~6 | 7~11 | 12~19 | 20~27 | >25 |

仰卧起坐

仰卧起坐是一种锻炼身体的方式。仰卧，两腿并拢，两手上举，利用腹肌收缩，两臂向前摆动，迅速成坐姿，上体继续前屈，低头；然后还原成坐姿。如此连续进行。

方法：仰卧，双腿正常弯曲，双手半握拳，放在耳朵两侧。让腰部发力使上身径直起来，然后缓慢下降使身体复位。

仰卧起坐是体能锻炼的一个重要环节，主要作用是增强腹部肌肉的力量。（见图3-3-3）

练习次数：5~15次，做4组。

做得正确的话，仰卧起坐既可增进腹部肌肉的弹性，亦可以收到保护背部和改善体态的效果。反过来说，如果进行不当，仰卧起坐不但是浪费时间，甚至有害无益。

仰卧起坐是训练腹部肌肉的有效运动方式，再加上它简单、不受场地环境影响的优点，是非常适合社会大众的简易运动方式，特别是对于期待消除腹部赘肉与避免下背痛的一般中年男女而言，更是经常被采用的运动之一。

图3-3-3

1. 逐渐增加仰卧起坐次数

对于一位刚开始以仰卧起坐来训练腹部肌肉的参与者而言，每次仰卧起坐的次数以不超过10个反复为原则（先训练腹部肌肉的肌力），每完成一次仰卧起坐后，应站起或躺下休息，让腹部肌肉放松10分钟以上。

2. 慢慢进行仰卧起坐

主要是以提高腹部肌肉的耐力为训练目标，因此，只有慢慢进行仰卧起坐的运动方式，才能够训练腹肌的耐力。

3. 仰卧起坐的动作

人体上腹部的肌肉主要包括腹直肌、腹外斜肌与腹内斜肌。因此，如果仰卧起坐的动作都是以上半身在矢状面（双肩平行的起坐动作）上的动作进行的，腹外斜肌与腹内斜肌的训练效果会受到明显的限制，只有增加身体纵轴（右肩带向左腿与左肩带向右腿）旋转的动作，可以避免腹肌训练不协调状态。

除了上半身的动作以外，为了避免仰卧起坐过程中下腹部屈曲导致髋关节肌肉的负荷过大，进行仰卧起坐时应屈曲膝关节。但是，以这种仰卧屈膝的姿势进行仰卧起坐训练，反而会限制下腹部肌肉的训练效果。因此，对于以下腹赘肉为主要训练部位的中年男女而言，适当进行屈膝抬腿的动作，能够更好地训练下腹部的肌肉，达成训练腹部（上腹部与下腹部）肌肉的目的。

背肌

直体俯卧于床上或垫子上，两手指交叉贴于头后，肘关节打开，另一人按住练习者的小腿；抬头挺胸，上体用力抬起，尽量后屈，然后还原。

动作时用力快速抬上体，上体抬起越高越好，还原下落时应放慢速度。上体触及垫子后立即抬起，上抬时吸气，还原时呼气。此练习也可负重做，即在背部负杠铃片等物体，但重量不宜过重，并应注意负重物体的稳定性。（见图3-3-4）

练习次数：5~15次，做4组。

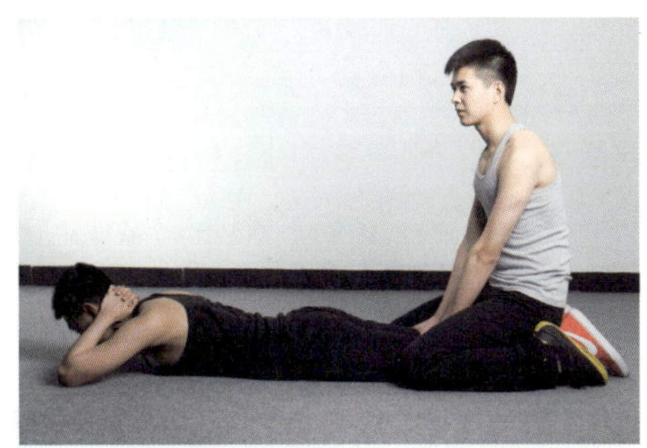

图3-3-4

杠铃卧推

仰卧长凳将杠铃放在乳头上方。眼睛应该恰好位于杠铃的正下方。这时你应该将背部撑成反弓形，从侧面看就像一座拱桥，腰部悬空，只有肩部和臀部接触长凳。接下来双肩后张，加紧肩胛骨，你会感受到背后的两片肩胛骨在中间靠拢，在整个过程中肩部都要保持这个姿势，这一点在卧推中非常重要。（见图3-3-5）

要点1

上举时背部、臀部要平贴凳面，两脚用劲下踏。

图3-3-5

要点2

上举时呼气，下落时吸气。

要点3

推起过程1~2秒，顶峰收缩约1秒，还原下放过程3~4秒。在重量不大时也可以采用稳定的爆发用力。

引体向上

主要训练上肢肌肉力量，为男性上肢力量的考查项目，是自身重力的悬垂力量练习。引体向上是最基本的锻炼背部的方法，也是衡量男性体质的重要参考标准和项目之一。

方法：1. 两手用宽握距正握（掌心向前）单杠，略宽于肩，两脚离地，两臂身体自然下垂伸直。

2. 上拉时意念集中在背阔肌，把身体尽可能拉高，不要让身体摆动。下垂时脚不能触及地面。可在腰上钩挂杠铃片来加重。

3. 身体上拉时吸气，下垂时呼气。（见图3-3-6）

图3-3-6

左右弓步

训练腿部肌肉力量素质，通过左右腿的转换，达到训练目的。

方法：1. 保持身体直立，不准弯腰驼背。

2. 掌握重心左右互换。

3. 蹲下去的时候保持动力腿膝盖打直，不准弯曲。（见图3-3-7）

图3-3-7

附表1：民航安全员体能测试标准

| 项目 \ 分数 \ 成绩 | 100分 | 95分 | 90分 | 85分 | 80分 | 75分 | 70分 | 60分 |
|---|---|---|---|---|---|---|---|---|
| 单杠引体向上 | 18 | 17 | 16 | 15 | 14 | 13 | 12 | 10 |
| 双杠臂屈伸 | 27 | 26 | 25 | 23 | 21 | 19 | 17 | 15 |
| 2分钟屈腿仰卧起坐 | 75 | 73 | 71 | 69 | 67 | 63 | 59 | 51 |
| 立定跳远 | 2.60m | 2.55m | 2.50m | 2.45m | 2.40m | 2.35m | 2.30m | 2.20m |
| 100米跑 | 12″50 | 12″80 | 13″10 | 13″60 | 14″00 | 14″20 | 14″60 | 15″00 |
| 3000米跑 | 12′20″ | 12′40″ | 13′00″ | 13′20″ | 13′40″ | 14′00″ | 14′20″ | 15′00″ |
| 2分钟抱头深蹲起立 | 110 | 105 | 100 | 95 | 90 | 85 | 80 | 70 |
| 40公斤负重卧推 | 31 | 29 | 27 | 25 | 23 | 21 | 19 | 15 |
| 5×10米折返跑 | 42′ | 43′ | 44′ | 45′ | 46′ | 47′ | 48′ | 50′ |
| 2分钟跳绳 | 310 | 300 | 290 | 280 | 260 | 240 | 220 | 180 |

# 职业拓展篇

## 第四章

## 民航服务人员实用形体训练

学习任务

1. 了解健美操和拉丁舞如何分类以及动作风格的特点。
2. 拓展形体训练的内容，找到新的兴趣点。
3. 能欣赏健美操和拉丁舞的规定套路演示，熟悉音乐风格。
4. 掌握健美操和拉丁舞的基础步伐和节奏。

在形体课的教学中，除了对基本素质和基本姿态进行系统训练之外，还可以借助其丰富的教学内容增进学生对形体课的了解和兴趣，满足学生们爱美、追求新颖的心理需求。本章我们将通过学习健美操和拉丁舞的基本技术为学生打开另一扇门。健美操和拉丁舞都结合了舞蹈的动感和优雅的造型，再配合激昂的音乐，使练习者感受到身心愉悦，进而也调动了人的精神力量和体力，能帮助练习者进入一种最佳的心理状态。本章我们也将结合时尚的元素让学生主动产生学习的兴趣。

图4-1　央视2013综艺节目《舞出我人生》

# 第一节
# 时尚的姿体训练——健美操

图4-1-1　2012年珠海航展上，河北航空公司空乘服务员在展厅为观众演示办公室健身操

## 一、什么是健美操

健美操是以有氧运动为基础，以健、力、美为特征，融体操、音乐、舞蹈、娱乐为一体的大众健身方式，也是竞技运动的一个项目。健美操的内容丰富、形式多样，按照内容和目的不同可将其分为健身健美操和竞技健美操两类。

健身健美操
- 徒手健美操（有氧健身操、形体健美操等）
- 轻器械健美操（花球操、踏板操、哑铃操等）
- 特殊场地健美操（水中健美操、动感单车等）

竞技健美操：男子单人、女子单人、混合双人、3人（混合或同性别）、6人（混合或同性别）。

## 二、健美操在我国的发展历程

健美操是有氧运动的一种。有氧运动是相对于无氧运动来说的，以人的身体有氧系统供应能量的运动，其特点是活动时间长、强度低，主要针对练习者的心肺功能，是耐力素质的基础。健美操运动飞速发展于20世纪七八十年代，它的英文原名是“Aerobics”，意思为“有氧气操”。我国政府和有关组织非常重视健美操运动在群众中的开展，20世纪80年代我国一些大型城市开办了各种健美操班，但绝大多数都是以芭蕾舞基本动作为主，同时也有一些以现代舞动作为主，当时也根据我国具体情况创编了多种徒手健美操、健美球操、棍操等。在1985年北京体育学院成立了健美操研究组，并开设了健美操的选修课。全国其他一些大、中、小学以至幼儿园，也在体育课中增加了健美操的内容。1985年4月在广州举行了我国第一次女子健美操邀请赛，开始利用报纸、杂志、电台、电视台等宣传工具进行宣传，而且还向人们传播了健美操的实用价值、练习方法以及活动信息，有力地推动了现代健美操运动在我国的普及和发展。

图4-1-2　2008年北京奥运会开幕式大型团体操表演

# 第二节
# 健美操的基本动作

完成动作时正确的身体体态和身体的标准位置被称为身体姿势，包括躯干、后背、盆骨的稳定性和腹肌的收缩，上体各关节的位置，颈部和肩膀的姿态等。身体姿势训练是健美操的重要组成部分，决定着健美操的动作质量、气质和锻炼效果。

图4-2-1

## 一、手形规范性练习

健美操中的手形有很多种，这些手形吸收了爵士舞、芭蕾舞、西班牙舞和武术中的许多元素。常用的手形有以下几种：

并掌：大拇指指关节弯曲内扣，其余四指并拢伸直；手腕伸直，使手臂成一条直线；腕关节与掌指关节适度紧张。

开掌：五指用力分开并伸直。

立掌：手掌用力上屈，五指自然弯曲。

空心拳：四指卷曲，大拇指末关节压住食指、中指的末关节，拳成空心状。（见图4-2-2）

剑指：食指和中指并拢伸直，拇指、无名指和小指内收。

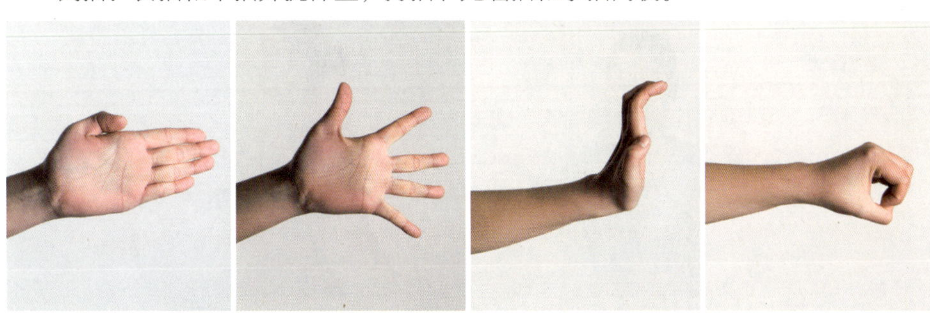
图4-2-2

响指：无名指与小拇指屈握，拇指与中指、食指摩擦后，中指击打大鱼际处发出响声。（见图4-2-3）

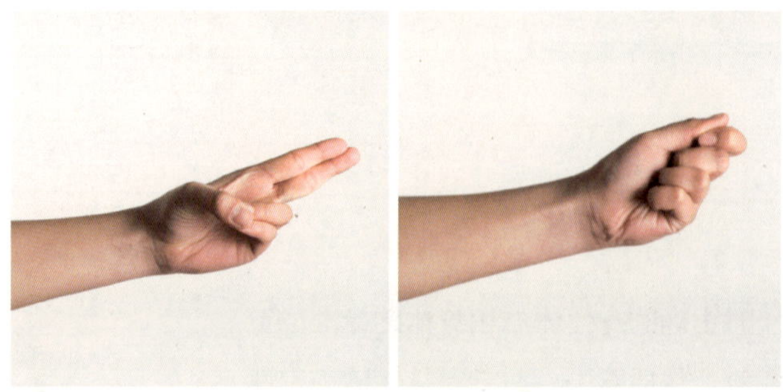

图4-2-3

## 二、手臂规范性练习

健美操常见的手臂动作有：臂屈伸、屈臂提拉、直臂提拉、冲拳、双臂自然摆动等。（见图4-2-4）

臂屈伸：上臂固定，肘屈伸。

屈臂提拉：臂由下举提至胸前平屈。

直臂提拉：臂由下举提至平举或侧平举。

冲拳：握拳由腰间冲至某位置，如向前冲拳、向上冲拳。

自然摆动：屈肘前后摆动，同时摆动或依次摆动。

图4-2-4

手臂健美操

1. 双手交叉向前推，至两臂完全伸直，手心向前，保持静止2~3秒。双手旋转收回。目的是锻炼内臂，使之结实（10~20次）。

2. 双手交叉放于脑后，双臂用力向上伸直，手心向上，保持2~3秒，放松收回。对改善内臂的松弛十分有效（5~10次）。

3. 使双臂紧张，一只手放于另一侧肩部垂直下压，被压肩用力向上耸起（左右各3~4次，共进行5组）。

4. 双臂向前伸展，手心向下，手臂肌肉绷紧，同时外旋双臂至手心朝上，并渐向两侧打开。这组动作有助于锻炼上臂，使之匀称（15~20次）。

图4-2-5

5. 双臂自然弯曲、手掌用力伸开，再慢慢握成拳状。动作一定要缓慢、用力，有利于锻炼小臂（8~10次）。

这组动作属静态练习，有助于收紧松弛的肌肉，减少手臂内侧脂肪堆积下沉，恢复弹性。

## 三、躯干动作规范性练习

躯干是健美操动作中最富表现力的部位，躯干练习包括胸部动作、腰部动作和髋部动作。

（一）胸部动作

1. 含胸、展胸

含胸：两肩内含，胸部内收。

展胸：挺胸外展。

图4-2-6

2. 振胸

动作做法：胸部急速做内含和外展的弹振性动作。

要求：振动迅速，幅度明显，富有弹性。

（二）腰部动作

1. 腰屈：指下肢固定，上体沿点状轴和水平轴的运动。

动作做法：包括腰前屈、后屈和侧屈。

要求：屈体幅度大，侧屈上体时不要有前倾动作，背部挺直。

2. 转腰：指下肢固定，上体沿垂直轴的扭转。

动作做法：腰的左、右转。

要求：上体直立扭转时，两腿保持不动，脚后跟不能离地。

（三）髋部动作

1. 顶髋：指一侧腿支撑并伸直，另一侧腿屈膝，用力将髋关节水平顶出，上体保持正直。

动作做法：有左右顶髋。

2. 提髋：指髋关节向一侧上提。

动作做法：左右提髋。

3. 摆髋：指髋关节做钟摆式的移动动作。

动作做法：髋的左、右摆动。

啦啦操

英文cheerleading，起源于美国。是指在音乐伴奏下，通过运动员集体完成的复杂、高难度的项目。特有的难度、过渡配合、基本手位与舞蹈动作，充分展示团队高超的运动技能技巧，体现青春活力、积极向上的团队精神，以及团队荣誉感。我国从2002年引入啦啦操运动以来，由于这项运动特别富有激情、特别充满阳光、特别凝聚团队精神，同时也特别适合成长中的学生参与，因此很快受到大学、中学和小学生的追捧，越来越多的学校把啦啦操作为一种校园文化来建设，用来释放和减排学生的学习压力，进行成长期的心理和生理辅导，增强体质，收到了很好的效果。

图4-2-7 NBA比赛间隙的啦啦操表演

# 第三节
# 健美操的下肢动作

健美操基本步法根据人体运动对地面的冲击力大小一般分为低冲击步法、高冲击步法和无冲击步法三大类。

## 一、低冲击步法

### （一）第一类：踏步类（March）

1. 踏步（见图4-3-1）

动作描述：两腿原地依次抬起，依次落地。

技术要点：在下落时，踝、膝、髋关节依次有弹性地在接触地面时缓冲。

动作变化：踏步分腿并腿March out to in两脚依次向两侧迈步，成分腿半蹲，再依次还原成并腿。

图4-3-1

2. 走步（Walk）（见图4-3-2）

动作描述：迈步向前走四步或向后退四步，然后反之。向前走时，脚跟先落地，过渡到全脚掌；向后走时则相反。

技术要点：在落地时，膝、踝关节有弹性地缓冲。

动作变化：

（1）三步点地——向前走三步，第四拍点地。

（2）三步吸腿——向前走三步，第四拍吸腿。

图4-3-2

3. 一字步（Easy walk）（见图4-3-3）

动作描述：一脚向前一步，另一只脚并于前脚，然后再依次还原。

技术要点：向前迈步时，先脚跟着地，过渡到全脚掌；前后均要有并腿过程；每一拍动作膝关节始终有弹性地缓冲。

动作变化：

方步（Box step）——左脚向右脚前方迈一步，右脚向左脚左侧迈一步，左脚向右脚后方迈一步，右脚回到起始位，形成一个方形。

图4-3-3

4. V字步（V step）（见图4-3-4）

动作描述：一脚向前侧方迈一步，另一脚随之向

图4-3-4

另一方迈一步，成两脚开立，屈膝，然后再依次退回原位。

技术要点：两腿膝、踝关节始终保持弹动状态，分开后成分腿半蹲，重心在两脚之间。

动作变化：X步——向前完成一个V字步，再向后完成一个V字步，形成X形。

5. 曼步（Mambo）（见图4-3-5）

动作描述：一脚向前迈出，屈膝，重心随之前移，另一脚稍抬起，然后原地落

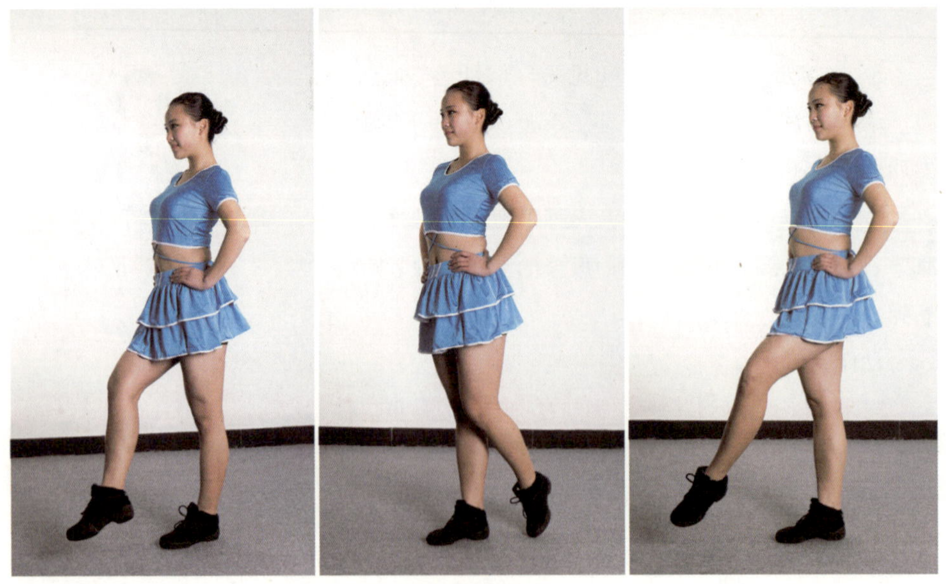

图4-3-5

下；或者向后撤一步，重心后移，另一脚稍抬起，然后原地落下。

技术要点：两脚始终保持交替落地。身体重心随动作前后移动，但始终在两脚之间。

动作变化：曼步转体360°　Pivot turn。

（二）第二类：点地类（Touch step or tap together）（见图4-3-6）

1. 脚尖点地（Touch tap）

动作描述：一腿稍屈膝站立，另一腿伸出，脚尖点地，然后还原到并腿姿势。

技术要点：支撑腿抬腿始终保持屈膝站立，并且随动作有弹性地屈伸。

动作变化：侧点地左右移重心——一腿稍屈膝站立，另一腿向侧伸出，先脚尖着地，随即脚跟迅速向下弹压，同时重心侧移，然后还原。

图4-3-6

2. 脚跟点地（Heeltap）

动作描述：一腿稍屈膝站立，另一腿伸出，脚跟点地，然后还原到并腿姿势。只做向前和向侧的脚跟点地。

技术要点：支撑腿始终保持屈膝站立，并且随动作有弹性地屈伸。

（三）第三类：迈步类（step or step together）

1. 并步（Step touch）（见图4-3-7）

动作描述：一脚迈出，另一脚随之并拢屈膝点地，再向反方向迈步。

技术要点：两膝始终保持弹动，动作幅度和力度可随风格而定。

图4-3-7

动作变化：

（1）两次并步——向一侧做两个并步，再向反方向迈步。

（2）侧交叉步（见侧交叉步动作）。

2. 迈步点地（Step tap）（见图4-3-8）

动作描述：一脚向侧迈一步，两腿经屈膝移重心，另一腿向前侧用脚尖或脚跟点地。

图4-3-8

技术要点：两膝同时有弹性地屈伸，重心移动轨迹呈弧形；上体不要扭转。

3. 迈步吸腿（Step knee）

动作描述：一脚迈出一步，另一腿屈膝抬起，然后向反方向迈步。

技术要点：经过屈膝半蹲，抬膝时支撑腿稍屈膝。

动作变化：重复吸腿——一脚迈出一步，另一腿重复屈膝抬起两次到四次，最多不超过八次。

4. 迈步后屈腿（Step curl）（见图4-3-9）

动作描述：一脚迈出一步，另一腿后屈，然后向反方向迈步。

技术要点：经过屈膝半蹲，支撑腿稍屈膝，后屈腿的脚跟靠近臀部。

图4-3-9

5. 侧交叉步（Grapevine）（见图4-3-10）

动作描述：一脚向侧迈一步，另一脚在其后交叉，随之再向侧迈一步，另一脚并拢，屈膝点地。

技术要点：第一步脚跟先落地，身体重心快速随着脚步而移动，保持膝、踝关节的弹动。

动作变化：

（1）交叉步屈腿——侧交叉步的第四步做向后屈腿。

（2）交叉吸腿——侧交叉步的第四步做向上吸腿。

图4-3-10

（四）第四类：单脚抬起类（Lift step or lift together）（见图4-3-11）

1. 吸腿（Knee lift）

动作描述：一腿屈膝抬起，落下还原。

技术要点：支撑腿保持屈膝弹动，大腿上抬超过水平；上体保持正直。

2. 踢腿（Kick）

动作描述：一腿稍屈膝站立，另一腿抬起，然后还原。

技术要点：抬起腿不需很高，但要有控制；保持上体正直。

3. 弹踢腿（Flick）

动作描述：一腿站立，另一腿先向后屈；然后向前下方弹踢，还原。

技术要点：腿弹出时要有控制，保持上体正直。

图4-3-11

4. 后屈腿（Leg curl）

动作描述：一腿站立，另一腿向后屈膝，放下腿还原。

技术要点：支撑腿保持弹性，两膝并拢，脚跟靠近臀部。

## 二、高冲击步法（见图4-3-12）

（一）并腿跳

动作描述：两腿并拢跳起。

技术要点：落地缓冲有控制。

（二）分腿跳

动作描述：分腿站立屈膝半蹲，向上跳起，分腿落地屈膝缓冲。

技术要点：屈膝半蹲时，大、小腿夹角不要小于90°，空中注意身体的控制。

（三）开合跳

图4-3-12

## 三、无冲击步法（见图4-3-13）

（一）半蹲

动作描述：两腿有控制地屈和伸，可分为并腿半蹲和分腿半蹲。

技术要点：分腿半蹲时，两腿左右分开稍大于肩（或与肩同宽），脚头稍外开，屈膝时关节角度不得小于90°，膝关节对准脚头方向，臀部向后45°方向下蹲，上体保持直立。

（二）弓步

动作描述：两腿前后分开，两脚平行站立；蹲下，起来。

技术要点：半蹲时后腿膝关节向下，大腿垂直于地面；重心始终在两脚之间。

动作变化：侧弓步（lunge side）——一腿稍屈膝站立，另一腿向侧伸出，先脚尖着地，随即脚跟迅速向下弹压，同时重心侧移，然后还原。

（三）提踵

动作描述：两脚跟抬起，落下脚跟稍屈膝。

技术要点：两腿夹紧，重心上提时，收紧腹部；落下时屈膝缓冲。

图4-3-13

## 思考与练习

1. 健美操中身体控制的重要性是什么？
2. 健美操的基本手形怎么才能做得更漂亮？
3. 手臂和手形动作之间有哪些联系？

练一练

自编一套8×8拍的步伐组合，要求至少包括4个基本步伐，并且涵盖无冲击力、低冲击力、高冲击力步伐。

# 第四节
# 拉丁舞基本舞姿训练

## 一、拉丁舞的基础知识

我们通常说的拉丁舞（Latin）主要包括伦巴舞、恰恰舞、桑巴舞、牛仔舞以及斗牛舞。拉丁舞的特点是：舞伴之间可贴身，可分离；各自在固定范围内辐射式地变换方向角度，展现舞姿；步伐灵活多变，通过多跨步及身体摆动不同的技术要求，完成各种舞步，展现各种风格；舞姿妩媚潇洒，婀娜多姿；风格生动活泼，热情奔放；曲调缠绵浪漫，活泼热烈，节奏感强；着装浪漫洒脱，男着上短下长的紧身或宽松装，女着紧身短裙，显露女性曲线的美。拉丁舞源于非洲，由非洲黑人将有着浓烈热带非洲特色的舞蹈带入了拉美，并与当地的土风舞相互融合，同时吸收了拉美地区其他国家移民的舞蹈风格，逐渐形成了现代流行的拉丁舞。第二次世界大战以后，这些舞蹈经过英国皇家交际舞教师协会的整理、改造，被纳入国际标准交际舞中，并列为比赛项目。

## 二、拉丁舞的基本步法教学

### （一）闭式舞姿（见图4-4-1）

男女舞伴相对而立，身体稍前倾，头正直，两眼平视前方（多数时候是看着舞伴），重心男士在右脚，女士在左脚，另一只脚脚掌内侧着地。男士左手与女士右手相握，女士右手虎口张开，四指并拢轻挂在男士的左手虎口上旁，上臂略向内合，小臂与上臂约成90°夹角，男士右手伸扶在女士左肩与臂的连接处，肘部平抬并使手臂成弧形。女士将左臂轻置于男士右臂上，左手虎口张开轻卡男士三角肌处，掌心向下，两人身体的距离大约有50~70cm，形成相互扶抱的舞姿。

图4-4-1　闭式舞姿

（二）开式舞姿（见图4-4-2）

男女舞伴相对而立，不交手握抱，分离较远。或单手相拉，或双手相拉，或不拉手。

图4-4-2 开式舞姿

图4-4-3 并行舞姿

（三）并行舞姿（见图4-4-3）

在拉丁舞中，男女握抱交手而不贴身，相当于标准舞侧行位舞姿。在闭式舞姿的基础上，男女舞伴分别向左向右转体90°，两脚一前一后，相握的手向前平伸，形成并列进行的姿态。

图4-4-4 并肩舞姿

（四）并肩舞姿（见图4-4-4）

以男士为基准，男士左肩与女士右肩相并的叫“左并肩位”；男士右肩与女士左肩相并的叫“右并肩位”。只是两肩相并，肩距、脚位和手形均可以自由变化，这是与并行舞姿的区别。

（五）影位舞姿（见图4-4-5）

女士在男士的前方偏右或偏左的位置，并靠近男士，就像男士为女士的影子一样不离开。女士居前偏右的是右影位，居前偏左的是左影位。

（六）扇形舞姿（见图4-4-6）

女士在男士的左侧与男士成直角，女士的右手在男士的左手中。

图4-4-5 影位舞姿

图4-4-6 扇形舞姿

# 第五节
# 伦巴舞基本技术

## 一、伦巴舞的基础知识

伦巴舞（Rumba），是拉丁舞项目之一，常用英文字母“R”来表示。节奏为4/4拍，每分钟27~29小节。每小节四拍。乐曲旋律的特点是强拍落在每小节的第四拍。舞步从第四拍起跳，由一个慢步和两个快步组成。四拍走三步，慢步占两拍（第四拍和下一小节的第一拍），快步各占一拍（第二拍和第三拍）。胯部摆动三次。胯部动作是由控制重心的一脚向另一脚移动而形成向两侧作“∞”形摆动。源于古巴，主要是由古巴的土著人和移居古巴的非洲黑人的民间舞蹈融合而成。它在拉丁舞中历史最悠久，舞型最为成熟，其原始的舞蹈风格中具有现代的情调；极富魅力的髋部摆动更显示出舞态的柔媚；缠绵抒情的音乐伴奏，使其充满了浪漫的情调。伦巴舞风格特点、音乐节奏、基本步法如下。

风格特点：以胯部的转动带动腿和手臂的运动，在节奏中一张一弛。2、3拍用移动步中的前半拍为张力，后半拍为松弛；4、1拍停留步中的前半拍为张力，第1拍后半拍为松弛。这样就形成了胯的摆动。

音乐节奏：音乐一般是4/4拍，每分钟28~31小节。重音在第1拍和第3拍，基本节奏为2、3、4、1、2、3拍为移动步，4、1拍为逗留步，即快、快、慢。

基本步法：基本步、纽约步、定点转、开式扭臀步、扇形步、曲棍步、右陀螺步、阿里曼娜、手接手、阿伊达。

## 二、伦巴舞的基本步法教学

### （一）基本步

开始姿势采用闭式舞姿：开立，重心男在右脚女在左脚，结束姿势采用闭式舞姿。

1. 男子舞步

表4-5-1 男子舞步

| 内容 | 要求 | | | | | |
|---|---|---|---|---|---|---|
| 步数 | 1 | 2 | 3 | 4 | 5 | 6 |
| 拍数 | 2 | 3 | 4、1 | 2 | 3 | 4、1 |
| 脚位 | 左脚向前 | 重心回到右脚 | 左脚向侧 | 右脚向后 | 重心放回左脚 | 右脚向侧 |
| 转度 | 开始左转 | 1~3左转1/8 | | 继续左转 | 4~6左转1/8 | |
| 舞姿 | 闭式舞姿 | 闭式舞姿 | 闭式舞姿 | 闭式舞姿 | 闭式舞姿 | 闭式舞姿 |

2. 女子舞步

表4-5-2 女子舞步

| 内容 | 要求 | | | | | |
|---|---|---|---|---|---|---|
| 步数 | 1 | 2 | 3 | 4 | 5 | 6 |
| 拍数 | 2 | 3 | 4、1 | 2 | 3 | 4、1 |
| 脚位 | 右脚向后 | 重心放回左脚 | 右脚向侧 | 左脚向前 | 重心回到右脚 | 左脚向侧 |
| 转度 | 开始左转 | 1~3左转1/8 | | 继续左转 | 4~6左转1/8 | |
| 舞姿 | 闭式舞姿 | 闭式舞姿 | 闭式舞姿 | 闭式舞姿 | 闭式舞姿 | 闭式舞姿 |

图4-5-1 男女基本步

### （二）纽约步

开始姿势采用开式舞姿：开立，男士重心在右脚女士重心在左脚。过程姿势用并肩舞姿，结束姿势采用开式舞姿。

1. 男子舞步

表4-5-3 男子舞步

| 内容 | 要求 | | | | | |
|---|---|---|---|---|---|---|
| 步数 | 1 | 2 | 3 | 4 | 5 | 6 |
| 拍数 | 2 | 3 | 4、1 | 2 | 3 | 4、1 |
| 脚位 | 左脚向前 | 重心回到右脚 | 左脚后退向侧 | 右脚向前 | 重心放回左脚 | 右脚后退向侧 |
| 转度 | 右转1/4 | 保持方向 | 左转1/4 | 左转1/4 | 保持方向 | 右转1/4 |
| 舞姿 | 并肩舞姿 | 并肩舞姿 | 开式舞姿 | 并肩舞姿 | 并肩舞姿 | 开式舞姿 |

图4-5-2 男女纽约步

2. 女子舞步

表4-5-4　女子舞步

| 内容 | 要求 | | | | | |
|---|---|---|---|---|---|---|
| 步数 | 1 | 2 | 3 | 4 | 5 | 6 |
| 拍数 | 2 | 3 | 4、1 | 2 | 3 | 4、1 |
| 脚位 | 右脚向前 | 重心放回左脚 | 右脚后退向侧 | 左脚向前 | 重心回到右脚 | 左脚后退向侧 |
| 转度 | 左转1/4 | 保持方向 | 右转1/4 | 右转1/4 | 保持方向 | 左转1/4 |
| 舞姿 | 并肩舞姿 | 并肩舞姿 | 开式舞姿 | 并肩舞姿 | 并肩舞姿 | 开式舞姿 |

（三）定点转

开始姿势采用开式舞姿，开立，男士重心在右脚女士重心在左脚，结束姿势采用开式舞姿。

1. 男子舞步

表4-5-5　男子舞步

| 内容 | 要求 | | | | | |
|---|---|---|---|---|---|---|
| 步数 | 1 | 2 | 3 | 4 | 5 | 6 |
| 拍数 | 2 | 3 | 4、1 | 2 | 3 | 4、1 |
| 脚位 | 左脚向右前 | 两脚原地扭转重心回右脚 | 左脚上步向侧 | 右脚向左前 | 两脚原地拧转重心回左脚 | 右脚上步向侧 |
| 转度 | 右转1/4 | 右转1/2 | 右转1/4 | 左转1/4 | 左转1/2 | 左转1/4 |
| 舞姿 | 并肩舞姿 | 并肩舞姿 | 开式舞姿 | 并肩舞姿 | 并肩舞姿 | 开式舞姿 |

图4-5-3　定点转

2. 女子舞步

表4-5-6 女子舞步

| 内容 | 要求 | | | | | |
|---|---|---|---|---|---|---|
| 步数 | 1 | 2 | 3 | 4 | 5 | 6 |
| 拍数 | 2 | 3 | 4、1 | 2 | 3 | 4、1 |
| 脚位 | 右脚向左前 | 两脚原地拧转重心回左脚 | 右脚上步向侧 | 左脚向右前 | 两脚原地拧转重心回右脚 | 左脚上步向侧 |
| 转度 | 左转1/4 | 左转1/2 | 左转1/4 | 右转1/4 | 左转1/2 | 右转1/4 |
| 舞姿 | 并肩舞姿 | 并肩舞姿 | 开式舞姿 | 并肩舞姿 | 并肩舞姿 | 开式舞姿 |

（四）开式扭臀步

开始姿势采用开式舞步，开立，男士重心在右脚女士重心在左脚，结束姿势采用女士左肩对男士成90°。

1. 男子舞步

表4-5-7 男子舞步

| 内容 | 要求 | | |
|---|---|---|---|
| 步数 | 1 | 2 | 3 |
| 拍数 | 2 | 3 | 4、1 |
| 脚位 | 左脚前进 | 重心回到右脚 | 左脚并向右脚 |
| 转度 | 右转1/4 | 保持方向 | 左转1/4 |
| 舞姿 | 开式舞姿 | 开式舞姿 | 面对女士左肩成90° |

图4-5-4 开式扭臀步

2. 女子舞步

表4-5-8　女子舞步

| 内容 | 要求 | | |
|---|---|---|---|
| 步数 | 1 | 2 | 3 |
| 拍数 | 2 | 3 | 4、1 |
| 脚位 | 右脚后退 | 左脚前进 | 右脚前进同时以脚掌为轴右转，左脚虚点跟进右转1/2 |
| 转度 | | | 右转1/2 |
| 舞姿 | 开式舞姿 | 开式舞姿 | 左肩正对男士正面 |

（五）扇形步

开始姿势采用开式舞姿扭臀步结束姿势（女士左肩正对男士成90°）开始，并立，男士重心在左脚，女士重心在右脚，结束姿势采用扇形位。

1. 男子舞步

表4-5-9　男子舞步

| 内容 | 要求 | | |
|---|---|---|---|
| 步数 | 1 | 2 | 3 |
| 拍数 | 2 | 3 | 4、1 |
| 脚位 | 右脚后退 | 左脚向左前迈步 | 右脚前进 |
| 转度 | | | 左转1/8 |
| 舞姿 | 面向女士左肩，成90° | 面对女士左肩，成90° | 扇形舞姿 |

2. 女子舞步

表4-5-10　女子舞步

| 内容 | 要求 | | |
|---|---|---|---|
| 步数 | 1 | 2 | 3 |
| 拍数 | 2 | 3 | 4、1 |
| 脚位 | 左脚前进 | 脚前进同时以脚掌为轴左转开始左转 | 左脚左侧后退 |
| 转度 | | | 2~3左转1/2 |
| 舞姿 | 左肩正对男士正面，成90° | 左肩正对男士正面，成90° | 扇形舞姿 |

图4-5-5 扇形步

（六）延伸步法

前进步、后退步、曲棍步、臂下转、手接手。

青少年铜牌考级动作：

扇形步—阿里曼娜—手接手—左原地转—臂下左转—扇形位—曲棍步—前进后退三连步—臂下右转。

## 思考与练习

1. 熟悉伦巴舞蹈胯位的路线和肩的控制。
2. 如何把握伦巴舞的特点和音乐的切分？
3. 和舞伴搭手时保持舞姿的重要性是什么？

1. 自编一套简单的伦巴舞组合动作。
2. 试着和舞伴交换男女舞步。

# 第六节 恰恰舞的基本技术

## 一、恰恰舞的基本知识

恰恰舞（Cha-cha-cha），是拉丁舞项目之一，常用英文字母“C”来表示。节奏为4/4拍，每分钟30~32小节。每小节四拍，强拍落在第一拍。四拍走五步，包括两个慢步和三个快步。胯部每小节向两侧摆动六次。恰恰舞是模仿企鹅的姿态创编的舞蹈，由非洲传入拉美，在古巴得到了很大的发展。在动作的形式上恰恰舞不由男子领舞，男女动作不求统一整齐，且多半是男子随后。舞曲热情奔放，舞步花哨利落，步频较快，诙谐风趣，所以备受欢迎，是最为流行的拉丁舞蹈。

表4-6-1

| 内容 | 要求 |
|---|---|
| 风格特点 | 舞动中强调重心向下踩，胯部动作与伦巴舞相同，但要有力度，运步的规律是以胯部来带动脚步。 |
| 音乐节奏 | 舞曲节奏为4/4拍，音乐速度为每分钟28~32小节，基本节奏为2、3、4&1。2、3拍为单步即一拍走一拍，4、1拍为恰恰步即两拍走三步，其节奏为慢（S）、慢（S）、快（Q）、快（Q）、慢（S）。 |
| 基本步法 | 左右追步、前后锁步、原地步、基本舞步、纽约步、定点转、开式扭臀步、扇形步、曲棍步、右陀螺步、闭式扭臀步、阿里曼娜、手接手。 |

## 二、恰恰舞的基本步法教学

### （一）左右追步

开始姿势采用并肩舞姿，开立，男、女士重心都在右脚，结束姿势采用并肩舞姿。对男女士舞步的要求如下：

表4-6-2　男女舞步

| 内容 | 要求 | | | | | |
|---|---|---|---|---|---|---|
| 步数 | 左1 | 2 | 3 | 右4 | 5 | 6 |
| 拍数 | 4 | & | 1 | 4 | & | 1 |
| 脚位 | 左脚向左 | 右脚并向左脚 | 右脚伸膝 | 右脚向右<br>发出推力<br>左脚向侧 | 左脚并向右脚 | 左脚伸膝<br>发出推力<br>右脚向侧 |
| 脚法 | 脚掌平面<br>膝部略屈 | 双膝微屈<br>脚跟略提 | 两膝伸直<br>右脚旁点 | 脚掌平面<br>膝部略屈<br>脚跟提起 | 双膝微屈<br>脚跟略提 | 两膝伸直<br>左脚旁点 |

图4-6-1　左右追步

（二）前后锁步

开始姿势采用并肩舞姿，开立，男、女士中心都在右脚，结束姿势采用并肩舞姿。对男女舞步的要求相同。

表4-6-3　男女舞步

| 内容 | 要求 | | | | | |
|---|---|---|---|---|---|---|
| 步数 | 后1 | 2 | 3 | 前4 | 5 | 6 |
| 拍数 | 4 | & | 1 | 4 | & | 1 |
| 脚位 | 左脚后退<br>落在右脚<br>正后方 | 右脚后移<br>锁步在左<br>脚前外侧 | 右脚伸膝<br>发出推力<br>左脚向后 | 右脚向前<br>落在左脚<br>正前方 | 左脚跟进<br>锁步在右<br>脚后外侧 | 左脚伸膝<br>发出推力<br>右脚向前 |
| 脚法 | 脚掌着地<br>膝部伸直 | 双膝微屈<br>全脚着地 | 两膝伸直<br>左脚跟着 | 脚掌平面<br>膝部略屈 | 双膝微屈<br>脚跟略提 | 两膝伸直<br>右脚跟着 |

图4-6-2　前后锁步舞步动作图

（三）原地步

开始姿势采用并肩舞姿，开立，男、女士重心都在右脚，结束姿势采用并肩舞姿。对男女舞步的要求相同。

表4-6-4　男女舞步

| 内容 | 要求 | | | | | |
|---|---|---|---|---|---|---|
| 步数 | 左1 | 2 | 3 | 右4 | 5 | 6 |
| 拍数 | 4 | & | 1 | 4 | & | 1 |
| 脚位 | 左脚向左后 | 右脚原地踏步 | 左脚并向右脚 | 右脚向左前 | 左脚原地踏步 | 右脚并向左脚 |
| 脚法 | 脚趾着地<br>膝伸直 | 膝微屈<br>全脚着地 | 膝部伸直<br>全脚着地 | 脚趾着地<br>膝伸直 | 膝微屈<br>全脚着地 | 膝部伸直<br>全脚着地 |

图4-6-3　原地步舞步动作图

（四）定点转

开始姿势采用开式舞姿，开立，男士重心在右脚女士重心在左脚，结束姿势采用开式舞姿。

1. 男子舞步

表4-6-5 男子舞步

| 内容 | 要求 | | | | | |
|---|---|---|---|---|---|---|
| 步数 | 1 | 2 | 3~5 | 6 | 7 | 8~10 |
| 拍数 | 2 | 3 | 4&1 | 2 | 3 | 4&1 |
| 脚位 | 左脚向右前 | 两脚原地拧转重心回到右脚 | 左追步 | 右脚向左前 | 两脚原地拧转重心放回左脚 | 右追步 |
| 转度 | 右转1/4 | 右转1/2 | 右转1/4 | 左转1/4 | 左转1/2 | 左转1/4 |
| 舞姿 | 并肩舞姿 | 并肩舞姿 | 开式舞姿 | 并肩舞姿 | 并肩舞姿 | 开式舞姿 |

2. 女子舞步

表4-6-6 女子舞步

| 内容 | 要求 | | | | | |
|---|---|---|---|---|---|---|
| 步数 | 1 | 2 | 3~5 | 6 | 7 | 8~10 |
| 拍数 | 2 | 3 | 4&1 | 2 | 3 | 4&1 |
| 脚位 | 右脚向左前 | 两脚原地拧转重心回到左脚 | 右追步 | 左脚向右前 | 两脚原地拧转重心放回右脚 | 左追步 |
| 转度 | 左转1/4 | 左转1/2 | 左转1/4 | 右转1/4 | 右转1/2 | |
| 舞姿 | 并肩舞姿 | 并肩舞姿 | 开式舞姿 | 并肩舞姿 | 并肩舞姿 | 开式舞姿 |

### （五）开式扭臀步

开始姿势采用开式舞姿，开立，男士重心在右脚女士重心在左脚，结束姿势采用开式舞姿靠近男士，开式扭臀步一般下接扇形步。

1. 男子舞步

表4-6-7 男子舞步

| 内容 | 要求 | | |
|---|---|---|---|
| 步数 | 1 | 2 | 3~5 |
| 拍数 | 2 | 3 | 4&1 |
| 脚位 | 左脚前进 | 重心回到右脚 | 原地步 |
| 转姿 | | | |
| 舞姿 | 开式舞姿 | 开式舞姿 | 面对女士靠近 |

图4-6-4　开式扭臀步

2. 女子舞步

表4-6-8　女子舞步

| 内容 | 要求 | | |
|---|---|---|---|
| 步数 | 1 | 2 | 3~5 |
| 拍数 | 2 | 3 | 4&1 |
| 脚位 | 右脚后退 | 重心回左脚 | 右脚上步前锁步 |
| 转度 | | | |
| 舞姿 | 开式舞姿 | 开式舞姿 | 正对男士靠近 |

（六）扇形步

开始姿势采用开式舞姿，并立，男士重心在左脚女士重心在右脚，结束姿势采用扇形位，以开式扭臀步结束姿势开始为例。

1. 男子舞步

表4-6-9　男子舞步

| 内容 | 要求 | | |
|---|---|---|---|
| 步数 | 1 | 2 | 3~5 |
| 拍数 | 2 | 3 | 4&1 |
| 脚位 | 右脚后退 | 左脚向左前迈步 | 右追步 |
| 转姿 | | | 左转1/8 |
| 舞姿 | 面向女士左肩，成90° | | 面对女士靠近扇形舞姿 |

2. 女子舞步

表4-6-10 女子舞步

| 内容 | 要求 | | |
|---|---|---|---|
| 步数 | 1 | 2 | 3~5 |
| 拍数 | 2 | 3 | 4&1 |
| 脚位 | 右转左脚前进 | 右脚前进同时以<br>脚掌为轴左转左脚 | 后退后锁步 |
| 转度 | 右转1/4 | 开始左转 | 2~3左转1/2 |
| 舞姿 | 左肩正对男士正面，成90° | | 扇形舞姿 |

动作提示：做该舞步过程中，男士左手与女士右手始终相握，扇形步舞步动作如图4-6-5所示。

图4-6-5 扇形步

（七）闭式扭臀步

开始姿势采用闭式舞姿，开立，男士重心在右脚女士重心在左脚，结束姿势采用并行舞姿。

1. 男子舞步

表4-6-11 男子舞步

| 内容 | 要求 | | |
|---|---|---|---|
| 步数 | 1 | 2 | 3~5 |
| 拍数 | 2 | 3 | 4&1 |
| 脚位 | 左脚向右前 | 重心回到右脚 | 左追步（小步） |
| 转度 | 稍右转 | 开始左转 | 回转到开始位 |
| 舞姿 | 闭式舞姿 | | 并行舞姿 |

2. 女子舞步

表4-6-12　女子舞步

| 内容 | 要求 | | |
|---|---|---|---|
| 步数 | 1 | 2 | 3~5 |
| 拍数 | 2 | 3 | 4&1 |
| 脚位 | 右脚向后 | 重心回到左脚 | 向右追步 |
| 转度 | 以左脚掌为轴右转1/2 | 开始左转 | 2~5左转1/2 |
| 舞姿 | 并行舞姿 | | 并行舞姿 |

动作提示：做该舞步过程中，由于女士交替反身转动难度很大，所以男士左手握女士右手，右手要扶在女士背部帮助女士转动，这样才能使动作顺利完成。

（八）阿里曼娜

开始姿势采用扇形舞姿，开立，重心男士在右脚女士在左脚，结束姿势采用开式舞姿。

1. 男子舞步

表4-6-13　男子舞步

| 内容 | 要求 | | | | | |
|---|---|---|---|---|---|---|
| 步数 | 1 | 2 | 3~5 | 6 | 7 | 8~10 |
| 拍数 | 2 | 3 | 4&1 | 2 | 3 | 4&1 |
| 脚位 | 左脚向前 | 右脚重心 | 原地步 | 右脚向后 | 左脚重心 | 右追步 |
| 转度 | | | | | | |
| 舞姿 | 扇形舞姿 | 扇形舞姿 | | | | 开式舞姿 |

2. 女子舞步

表4-6-14　女子舞步

| 内容 | 要求 | | | | | |
|---|---|---|---|---|---|---|
| 步数 | 1 | 2 | 3~5 | 6 | 7 | 8~10 |
| 拍数 | 2 | 3 | 4&1 | 2 | 3 | 4&1 |
| 脚位 | 右脚向后 | 左脚向前 | 右前锁步<br>右转1/8 | 左脚向前<br>6~10右转 | 右脚向前 | 向左追步 |
| 转度 | | | 1周加1/8 | | | |
| 舞姿 | 扇形舞姿 | 扇形舞姿 | | | | 开式舞姿 |

动作提示：整个舞步过程中，1~5时男士左手引导女士靠近并右转，6~10时引导女士做臂下右转。

图4-6-6 阿里曼娜

## 思考与练习

1. 恰恰舞基本步的重心移动在跳舞的过程中有什么作用？
2. 恰恰舞的手形和伦巴舞的手形有哪些异同？
3. 恰恰舞的风格特点是什么？用动作举例说明。

练一练

1. 自编一套涵盖基本舞步的恰恰舞组合。
2. 试着跟不同节奏的恰恰舞曲练习。

## 全国体育舞蹈技术等级考试——伦巴舞金银铜牌套路

伦巴舞铜牌套路

| 舞　步 | 小　节 |
| --- | --- |
| 基本动作 | 4 |
| 纽约步 | 3 |
| 臂下右转 | 1 |
| 手对手 | 3 |
| 原地左转 | 1 |
| 基本动作 1~3步 | 1 |
| 6步后退常步 | 2 |
| 基本动作 4~6步 | 1 |

伦巴舞银牌套路

| 舞　步 | 小　节 |
| --- | --- |
| 开式扭臀 | 2 |
| 曲棍步 | 2 |
| 纽约步 | 3 |
| 手对手 | 3 |
| 手对手 1~3步（影子位） | 1 |
| 影子位走步（6步） | 2 |
| 开式扭臀 4~6步 | 1 |

第五章

# 民航服务人员的前庭耐力训练

学习任务

前庭耐力是空乘人员必备的特殊身体素质之一，是空乘人员在飞行中由于起飞拉升、降落、加减速以及遇到不稳定的强气流后连续颠簸、摇晃、滚翻的耐受能力。在本节内容中我们首先要了解前庭器官的构造以及前庭耐力训练的作用，其次作为在飞机上工作的民航服务人员增强自身的前庭耐力是必要的身体素质保障，那么就需要掌握训练方法及科学训练的原则，才能定期对自己进行前庭耐力的测试与评价。

# 第一节 前庭器官的构造

## 一、前庭

### （一）构造

前庭是人体平衡系统的主要末梢感受器官，长在头颅的颞骨岩部内。人的耳朵分为外耳、中耳和内耳（内耳又称“迷路”），前庭就在人的内耳中，是内耳器官之一，由三个半规管和两个耳石器官（球囊和椭圆囊）组成。它和耳蜗紧密相连，总称听器官。前庭器官小且复杂，弯弯曲曲的硬管里套着软管，半规管内和球囊、椭圆囊内还充满着叫内淋巴液的液体。前庭器官有特殊的解剖结构和功能特征。（见图5-1-1）

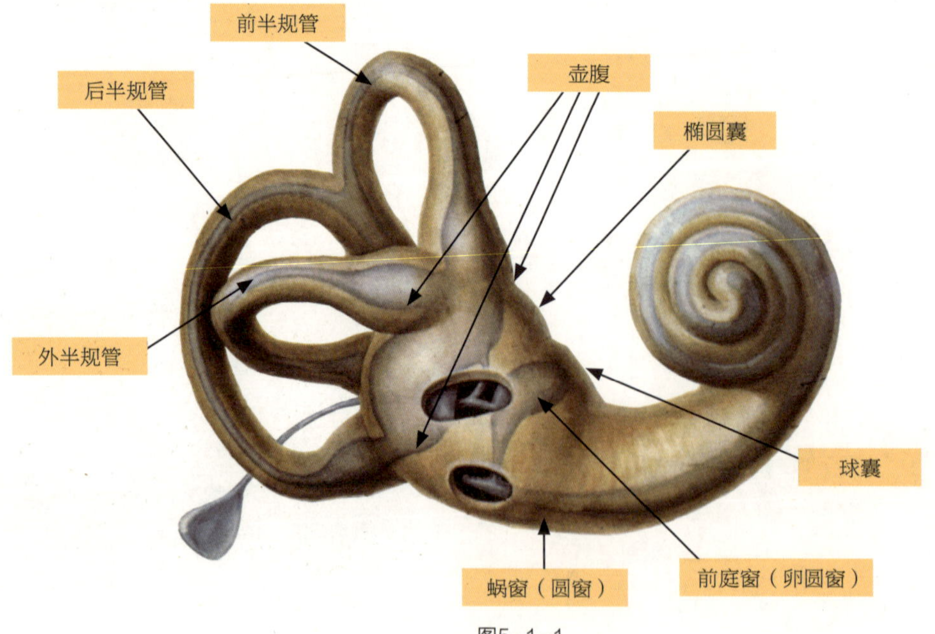


图5-1-1

（二）前庭感受器的功能

内耳的前庭和耳蜗总称为听器官，顾名思义就是感知位置和听觉的，前庭感知人体空间位置，后者负责听觉。前庭的三个半规管感知身体旋转的角加速度，而耳石器官感知直线加速度运动及头部向左右或前后倾斜侧等活动。例如坐在行进的车中即使闭上眼睛，不看窗外，也可感知到车的加速、减速或转弯；又如乘坐电梯时那种升、降的感觉，这些都是半规管、耳石器官感知的。前庭感受器感知人体在空间的位置及其位置变化，并将这些信息向中枢传递，主要产生两个方面的生理效应：一方面对人体变化了的位置和姿势进行调节，保持人体平衡；另一方面参与调节眼球运动，使人体在体位改变和运动中保持清晰的视觉，故它对保持民航服务人员在飞行过程中的姿势平衡和清晰的视觉起到重要作用。

（三）前庭与眩晕的关系

眩晕是一种运动性或位置性幻觉，是体内病理或生理性位置感觉刺激与大脑高级感觉中枢的冲突，是人体平衡系统功能紊乱的表现，包括人自身旋转感和周围景物旋转感、摆动感、漂浮感、升降感及倾斜感等。而那些头重、昏昏沉沉的感觉及晕厥则不属于眩晕范畴。

人体平衡系统也是由感受器、传入神经、平衡中枢、传出神经和效应器组成。内耳前庭是人体平衡系统的主要神经末梢感受器官（其次为视觉和本体感受器）。三者只要其中任何一种感受器向中枢传入的冲动与其他两种感受器的传入冲动不协调一致，便产生眩晕。另外，因内耳前庭神经系统是维持人体平衡功能的主系统，且与全身其他系统存在广泛联系，其自身疾患或其他系统疾患累及前庭系统均能导致眩晕。故眩晕多由内耳前庭系统不协调引起，约占眩晕病例的70%。

## 二、半规管

半规管是维持姿势和平衡有关的内耳感受装置，包括椭圆囊、球囊和三个半规管。

（一）位置

前庭器官都是膜质管道，和蜗管一样因构造曲折繁复，有“膜迷路”之称。而且管道中充满内淋巴，其外面的骨迷路和外淋巴起着保护作用。椭圆囊和球囊位于内耳前庭腔内。它们的前面为耳蜗，后面半规管为三条半规管。两囊之间有短管相通，半规管与耳蜗又分别与两囊相连通，所以膜迷路各部分之间的内淋巴是相通的。（见图5-1-2）

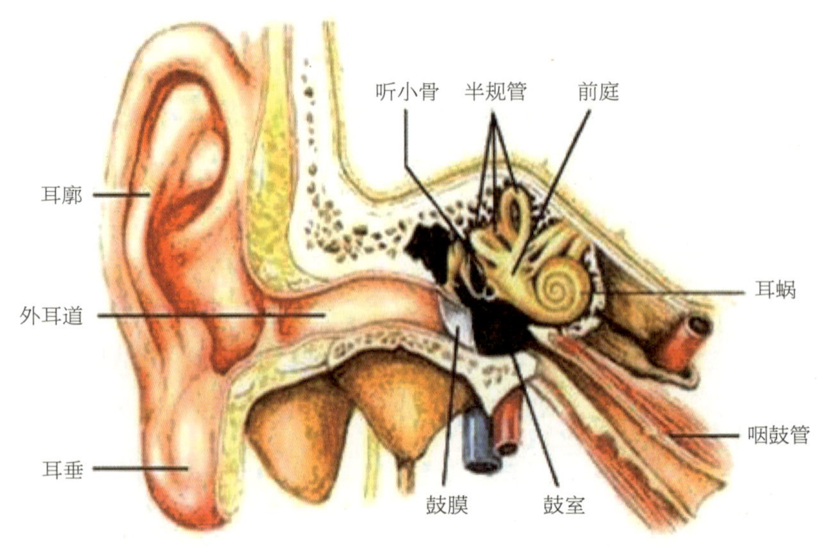


图5-1-2

椭圆囊和球囊的囊壁上，各有一个直径为2毫米多、加厚的小区域，称为囊斑（macula）。囊斑也称位觉斑，由一层结缔组织、一层上皮和耳石膜组成。耳石膜覆盖在囊斑上皮层表面，为一层厚的蛋白样胶质膜，它的浅层含有碳酸钙和蛋白质组成的结晶体，称为耳石（otolith），所以椭圆囊和球囊也称耳石器官。囊斑上皮内含有毛细胞及支持细胞两种细胞。毛细胞为感觉上皮细胞，夹在支持细胞之间，其底部为前庭神经节内的双极细胞的周围突所包绕。毛细胞的顶端有一束纤毛伸入至耳石膜内。（见图5-1-3）

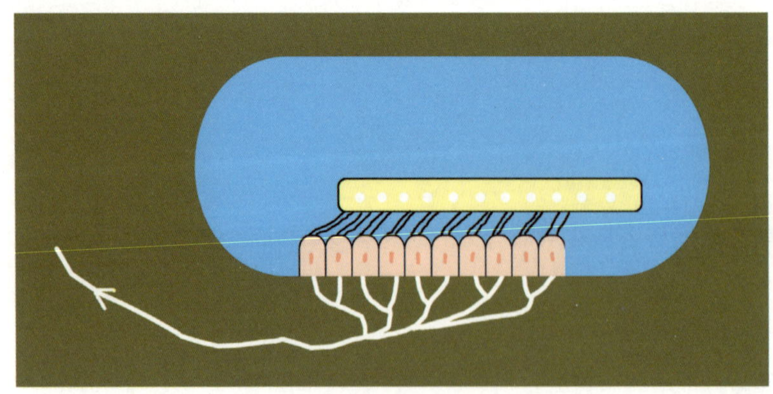

图5-1-3

（二）结构

三条半规管（外半规管、前半规管和后半规管）互成直角，代表空间的三个面。外半规管又称水平半规管，当人直立时，它和地面成30° 角，如头部向前倾30° ，则它恰与地面平行。前半规管、后半规管又称垂直管，与地面成垂直关系。每管均有一端略膨大，称壶腹（ampullae）。壶腹内一侧黏膜增厚，并向管腔内突出，形成一个与管长轴相垂直的壶腹嵴。壶腹嵴的构造与囊斑相似，其不同处为毛细胞顶端的纤毛束较长，并包埋于高帽状的胶质性的终帽（也称盖帽）内，其中无耳石，但终帽与嵴上皮之间有一微细的腔隙，此腔隙与毛细胞的纤毛活动有关。壶腹嵴毛细胞的基部也被前庭神经节细胞周围突的末梢所包绕。（见图5-1-4）

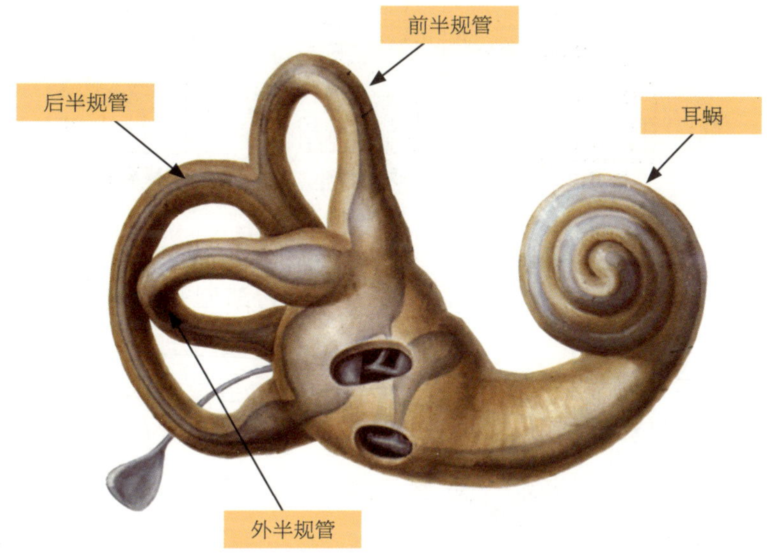


图5-1-4

（三）功能

椭圆囊和球囊的适宜刺激为耳石的重力。因此，它们是提供与地心引力有关的头部方位（倾斜度）的信息的，也因直线加（减）速运动而兴奋。头部处于正常位置时，耳石与毛细胞间呈一定的压力关系。头部位置改变时，两者在空间的相对位置也发生改变，耳石就不同程度地牵拉毛细胞的纤毛，从而刺激了毛细胞。毛细胞兴奋后，冲动经前庭神经传至前庭神经核，反射性地引起肌紧张的变化，维持了身体平衡。半规管的适宜刺激是旋转加速运动。在头旋转时，内淋巴因惰性而向与旋转相反的方向移位，终帽随之弯曲变形，这就间接地刺激了毛细胞及其基部的前庭神经末梢。电生理研究表明：当头部在静位状态下，终帽内的神经末梢发放一定的冲动；当终帽向一侧移位，即当水平管内淋巴流向壶腹和垂直管内淋巴流出壶腹而导致终帽弯曲时，冲动发放增加；当向相反方向移位时，发放就减少。旋转在等速持续进行时，发放开始时间与加速度时间相同，以后逐渐恢复到原先水平，而旋转突然停止时（减速运动），则终帽也受到移位，但方向与开始时相反。虽然内淋巴移位在3秒内即停止，而终帽却要25~30秒钟才回到静息状态，此时，人会有一种向相反方向旋转的感觉。（见图5-1-5）

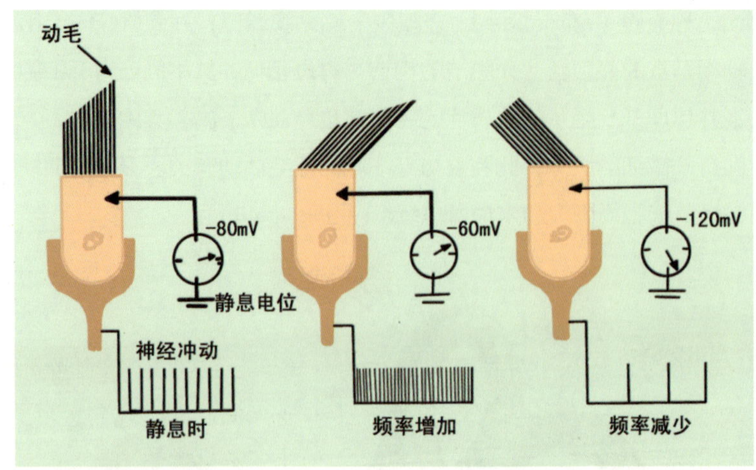


图5-1-5

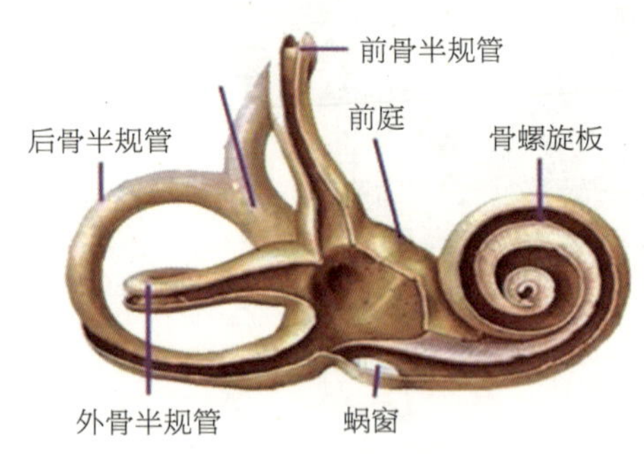


图5-1-6 右侧骨迷路内面

（四）控制平衡的过程

内耳前庭部分是控制体平衡的器官。该处有三个互垂直的半规管。当人体失衡时，半规管便产生平衡脉冲，通过大脑的平衡中枢激发相应的反射动作，以使人体恢复平衡，并避免可能的伤害。这也是先天的本能反射之一。为什么半规管不是两个或四个，而恰巧是三个，而且又互相垂直呢？其理由至为明显：因为人生活在三维空间之内，可以有前后，左右和上下三种互相垂直的运动方向，故必须有三个互相垂直的半规管才能全面监控。少于三个不够用，多于三个不需要。可见所有这些精确而巧妙的结构和功能，一概体现着高超的智慧，绝不是偶然的产物。（见图5-1-6）

（五）作用

半规管是人和脊椎动物内耳迷路（内耳由一些埋藏在坚硬骨头里面的弯曲管道和囊所组成，因为它构造复杂，管道盘旋，形同迷宫，因此叫做内耳迷路）的组成部分，为三个互相垂直的半圆形小管，可分为骨半规管和膜半规管。不论骨半规管和膜半规管，均可分为上半规管、后半规管和外半规管。膜半规管内外充满淋巴。半规管一端稍膨大处有位觉感受器，能感受旋转运动的刺激，通姿势反射，以维持运动时身体的平衡。

# 第二节 前庭耐力的作用

民航服务中的空乘服务作为一种特殊服务，大部分工作是客舱服务，而消费者组成的特殊性和消费场合的封闭性就要求空乘人员必须同时承担起飞机飞行时客舱的服务与旅客的安全工作。空乘服务人员在空中工作时，经常会承受着加速度、震动颠簸、低气压、高空缺氧、温差幅度大、长时间固定姿势等因素刺激。这些刺激直接作用于服务人员的人体，从而影响空中服务的质量，因此空乘服务对空乘人员的体能提出了更高的要求。科学地进行身体锻炼，增强前庭耐力的训练，提高心脏搏力和血管弹性质量，才能抵抗加速度力量的冲击，承担好服务和安全工作，保证高质量完成飞行服务任务。

## 一、前庭耐力

当人体的前庭器官受到过强或过久的刺激时，前庭感受器就会发放强烈而频繁的冲动，反射性地引起动作或身体平衡失调，而且还会引起一系列的植物神经性机能反应，如恶心、呕吐、眩晕等。由刺激前庭感受器产生神经冲动引起机体的各种前庭反应的程度，叫做前庭器官的稳定性，即前庭耐力。

前庭耐力与人的平衡机能的稳定性有着直接关系，前庭耐力差的人在飞行中容易出现头晕、头疼、恶心、呕吐、面色苍白等“晕机”症状，影响工作任务的完成。晕机主要是前庭分析器受到过强的刺激，超过了它的耐受限度而引起的。前庭耐力好的人，在前庭器官受到刺激时所发生的反应就较前庭耐力差的弱。前庭耐力是可以通过训练来提高的，而且训练开始得越早，效果越好。

## 二、民航服务人员的生理机能

航空环境是一个特殊的环境，置身于这种作业环境的空乘人员，必须具备适应特殊环境的能力。高空飞行所处的恶劣环境因素较多，主要因素是高空缺氧、低气压、高寒等。这些因素会产生血氧饱和度下降，血液沸腾，高空气栓等生理改变。

正常成年人的肺活量平均值，男性为3500-4000ml，女性为2500-3500ml。而我校大部分学生的肺活量平均值为3573.4ml。肺活量指标主要反映人体肺功能的水平即呼吸系统水平，民航服务人员在飞行时对呼吸系统的要求较高。因为较高的肺活量水平使人呼吸时胸部充分扩展，可使更多的肺泡扩张而吸入更多的氧气，呼气时胸廓尽量压缩，从而排除更多的二氧化碳废气。

## 三、民航服务人员的身体素质

人自地面迅速上升到9000米以上高空，即由正常的一个大气压上升至低于一个大气压而又无适当防护的空间，空气中的氮分压骤然下降，体液和组织中释放出的氮不能及时排出体外，而存留在组织和血液中；由于加速度和惯性作用，人体在承受额外负荷，这些会引起组织器官的变形，改变血液循环系统、内分泌系统的血流流向，这些都是由减压过速或降压幅度过大而引起的全身性疾病，作为未来的空乘服务人员面临环境的恶劣，强健的身体素质是保证。身体素质就是指在中枢神经系统的支配下，人体所表现出来的适应环境的运动能力。

### （一）体前屈

体前屈是反映人体柔韧性的指标之一。柔韧性是指人体完成动作时，关节、肌肉、肌膜和韧带的伸展能力。服务人员在工作中不能塌腰翘臀，不能挺胸叠肚，不能坐腿斜胯，要给人一种朝气蓬勃的青春美的享受，重心应尽可能地保持垂直才能有端庄的仪表、优雅的仪态、得体的表情，柔韧素质对提高整体职业素质有积极的作用。

### （二）握力

握力主要是测量上肢前臂肌肉和手部肌肉的力量。服务人员的工作是在持续的高空飞行中高度紧张进行，他们有非常高标准的服务要求，不仅要完成微笑服务、端茶倒水，帮助乘客解决问题等一些简单的工作，实际上他们经常还要完成像开关飞机舱门、搬抬食物、照顾身体不方便的乘客等需要体力的工作，尤其是飞国际航班的乘务员，经常连续工作十几个小时，并且还要克服时间差问题，这都要求乘务员有较强的力量素质。

### （三）灵敏性

灵敏性，是指在复杂条件下对刺激做出快速和准确反应、灵活控制身体和随机应变的能力。灵敏性是一种综合的素质，它和力量、柔韧、协调等有密切的关系，是人体在活动过程相关系统、身体素质和运动技能协同配合的综合表现。一个人灵敏素质良好的标志，主要看他在复杂变化条件下能否迅速、准确、协调地做出应答反应。航空飞行环境复杂多变，要求服务人员能够反应迅速、手足协调、感觉灵敏、判断身体空间方位能力强，对变化的情况作出正确的处置应答动作。

# 第三节 前庭耐力的训练方法

提高前庭耐力的方法有身体训练和心理训练两种，其中又以身体训练为主、心理训练为辅。

## 一、身体训练方法

### （一）主动训练法

1. 头部转头操训练

“对称地面平衡操”是一种简便易行，不受时间、场地等条件限制的锻炼方法。依次可做左、右摇头（A），左、右摆头（B），前俯后仰（C），向左旋转360°（D）和向右旋转360°等动作。头动频率可掌握每秒1-2次，每种动作50秒。每做25秒休息5秒，5分钟做一遍。早晚各做一次，每次做两遍。坚持3-6天就会有成效。练习过程中的头动频率和练习时间可因人而异，循序渐进。（见图5-3-1）

（A）　（C）

（B）

（D）

图5-3-1

2. 前滚翻

由蹲撑开始，重心前移，两腿蹬直离地，同时屈膝、低头、含胸、提臀，以头的后部在两手支点前着垫，依次经颈、背、腰、臀向前滚动，当滚至背部着垫时迅速收腹屈膝，上体紧跟大腿团身抱膝成蹲立。（见图5-3-2）

图5-3-2

（1）前滚翻是基本动作，也是一种自我保护的方法。首先掌握前后滚动的动作，再学习团身前滚翻。掌握团身前滚翻后，再要求两腿蹬直团身前滚。

（2）为了体会动作要领，可将助跳板放在下面或将垫子铺在斜度大约10-15° 的坡地上，由高处向低处滚翻。

（3）掌握前滚翻的动作后，可持球做前滚翻，或前滚翻蹲立后接迎面抛来的球等，以提高学习兴趣及动作的速度。

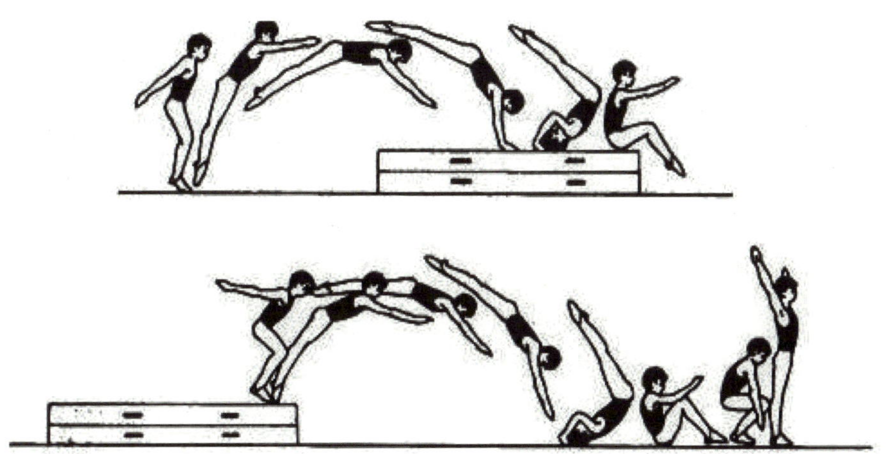

3. 后滚翻

身体平躺，放松两手从肘部后翻，稍微支撑垫子。尽量将腰部抬高，腿部向后平伸，动作要一气呵成。注意头部和颈部要配合后翻的动作，不要造成挫伤。对初学者，老师可以在旁边帮助，在学生后翻的时候，轻托腰部，帮助发力。要小心保护头部和颈部，手腕处也要注意，用力过大会挫伤。多练习几次就自然掌握要领。（见图5-3-3）

图5-3-3

（1）巧练团身

有部分学生在后倒时总是展髋，完不成滚翻动作。针对这一现象，可让学生从蹲撑开始，在大腿和小腹之间夹着垒球练习，能获得意想不到的效果。因为学生要保证垒球不掉下来，就要尽量保持团身的姿势，此时想滚动，就必须加大推手和两腿蹬地的力度，从而达到了提高滚动速度的目的，有利于学生顺利完成滚翻动作。这也从根本上解决了学生展髋的习惯，在一定程度上克服了滚动不圆滑的缺点。还有一些学生，一旦在大腿和小腹之间夹着垒球就不会后倒滚翻了，这就要降低难度，让他们仰卧于垫子上，然后两手抱紧膝盖，团身滚动。

（2）巧练推手

推手是后滚翻的重点和难点，但学生在后倒时，由于身体平衡感的作用，会手忙脚乱，记住了滚翻，却忘记了推手，造成学生的颈部扭伤。

在教学中通过反复的尝试发现，让学生单独练习"后滚肩上放手"的动作效果较佳。因为没有滚翻动作的干扰，学生的注意力完全放在手上，所以更易取得好的教学效果。练习方法同抱膝团身滚动，只是当团身后滚至背、肩着垫子的时候，迅速翻手，手心向上，手指向后放于肩上，当肩颈着垫时，推手使身体滚回至臀部着垫。反复滚动，反复推手，仔细体会推手时的感觉。

（3）巧用斜坡板教学

当掌握团身和推手的要领后，一般都能顺利完成滚翻动作，但仍会有配合不协调的现象发生，如蹬地和推手的时机掌握不准或用力程度不够等，这就会使滚动速度减慢，滚动方向偏离。如何让学生在练习中掌握技巧，是解决问题的关键。受斜坡教学方法的启发，可以在跳箱踏跳板的两边，各钉上一块高出板面15cm的木板，使踏跳板成了一个槽形斜坡板，面上再放一块小垫子。在这样的器材上练习，由于学生滚动速度加快，且方向得到了纠正，学生很容易掌握滚翻的技巧，滚翻动作就趋于完美。

4. 旋转翻

两个人一前一后站立，距离不能过大。女在前男在后，男用手臂的力量托起女生的腰，女生在侧手翻的原理上借力翻，身体必须控制住且重心向上。整个身体借助男生小臂的力量用力托起女生往上翻，起翻时用力不能过猛，防止男生用力不均衡。在翻的过程中女生身体一定要保持直立，不能有松胯、身体软的动作，防止男生托不住女生而摔倒。男生右手小臂顶住女生腰部，左手抓住另一侧腰。整个人像立圆一样从男生体前翻过，旋转360° 后落地，双脚站立，双手放于身体两侧。（见图5-3-4）

图5-3-4

这个动作需要两个人来完成，在练习的时候一定要注意身体的控制力度，初学者可在垫子上练习，注意保护好头。两个人的配合一定要默契，起步要同步。在这个练习时可以先练习侧手翻，然后在侧手翻的基础上过肩翻。

5. 仰转

仰转时，步子不要大，步子大了会影响速度。眼睛盯住上方的一个目标，两腿不能弯曲，而且是向上通过身体往上拉伸的；椎骨一定要与地面垂直，决不能弯曲；要用两只脚掌旋转，决不能用脚跟；旋转后，重心保持在两脚之间，不能前后左右乱移动重心。仰转与地转动作要求基本相似，将头部上仰进行左、右旋转练习，一般以秒、分钟为单位进行练习，一般不超过1分30秒。（见图5-3-5）

图5-3-5

（1）旋转的时候，身体动作不协调，上下身脱节，没有整体感。

（2）旋转的没有节奏感，一旋转就会脱离音乐的节奏，更别谈与音乐情绪的配合了。

（3）旋转的时候，重心不稳，摇摇晃晃，要摔倒。

（4）旋转的时候，迷失了方向，结束的时候，找不到舞伴的位置。

（5）转的速度慢，跟不上音乐节奏。

6. 地转

图5-3-6

训练时练习者可以成体操队形，双臂打开，一臂间隔。可在田径场内练习，一排一排单独进行训练。练习者先打开双手，然后身体埋下去，右手抱左臂的肩关节处，两腿并齐站立、屈体，左臂垂直，食指指向地面做原地360°连续旋转，按照老师的口令或要求进行练习。要结合课程的进展逐步提高质量，左右臂结合练习。（见图5-3-6）

7. 立转

做“立转”练习时两臂平行展开，双腿平行站，两眼平视前方，做向左、向右旋转练习。逐步增加难度，提高质量。（见图5-3-7）

图5-3-7

图5-3-8

8. 对转

做“对转”练习时，两人一组，双脚并拢，脚尖相对，双手紧握对方，两人用力均衡往后倒（不宜用力过大），脚下跟着身体小步子转圈移动。（见图5-3-8）

（二）被动训练法

在自我训练的同时可以采用各种加速旋转的器械使人体接受被动的旋转训练。比如做固定滚轮的旋转训练时，将自己捆住由另一人带动旋转。一般人在做旋转的时候会有晕眩的感觉，考虑到视觉对晕机的影响，在做训练时应睁眼与闭眼相结合，交替进行。被动训练时的旋转速度、练习时间可以随意控制，根据自身的身体情况进行练习，训练幅度不要过大，应该遵循循序渐进的原则，慢慢加深难度，这样也便于掌握运动量，以这样的训练方式会提高旋转效果。

## 二、心理训练方法

心理训练主要是通过各种方法和手段使受训练者学会调节和控制自己的心理状态并进而控制自己的动作和平衡，以此降低前庭刺激的作用。心理能量的储备就是前庭耐力的储备。在身体训练的同时辅以心理训练，对提高前庭耐力能够达到事半功倍的效果。

（1）放松训练

放松训练是以一定的暗示语集中注意力，模糊视野，调节呼吸，使肌肉得到充分放松，从而调节中枢神经系统兴奋性的方法。主要方法有渐进放松法、自我放松法和松静气功法。

（2）集中注意训练

集中注意训练是提高受训练者全神贯注于一个确定的目标，不为其他内外刺激所干扰的能力的过程。人的注意力越集中，就越能摆脱其他干扰，从而达到训练效果。

# 第四节 前庭耐力训练应遵循的原则

## 一、全面发展

人体的各器官系统是在中枢神经系统调节下的统一整体，有机体的各个组成部分之间是紧密联系、互相影响的，在训练过程中，各种刺激使机体产生的适应性变化是相互联系、相互作用的，所以只有在全面提高的基础上才能更有效地增强某一方面的专项素质。有研究表明，前庭耐力与某些身体素质有着较高的相关性，体能水平提高，前庭耐力也会有一定的提高。一个人如果只进行前庭耐力训练，而忽视其他身体素质的训练，是不可能取得显著效果的。只有在全面发展的基础上才能使前庭耐力提高迅速且持久。

## 二、坚持不懈，持之以恒

前庭耐力训练积累50个小时即可见到成效，但下降和消退也比较快，一般停止训练5-7天就会出现消退现象。经过系统训练最多可以保持4个月。所以要持之以恒，养成良好的锻炼习惯。

## 三、循序渐进，逐步提高

前庭分析器对旋转和摆荡刺激有一个逐步适应与提高的过程。前庭耐力锻炼必须遵循由小到大、由易到难的原则，练习的次数、时间、强度应逐渐增加，不能操之过急。每次锻炼要有头晕和全身发热的感觉，但不要达到恶心的程度。一般应根据每人能耐受刺激量的一半作为开始刺激

量，防止刺激量过大而造成前庭器官永久性损伤。

## 四、方法灵活

练习的方法有很多种，可根据自己的训练安排选择训练方式，如果只是单一的训练方式则达不到理想效果，且前庭耐力效果得不到提高。因此在练习时经常变换练习方法可提高前庭耐力锻炼的效果。旋转练习时应睁眼与闭眼交替进行。应根据每个人的身体素质，有所侧重，科学灵活地掌握训练方法，这样才会有明显效果。

# 第五节
# 前庭耐力的测试与评价

## 一、测试方法一

方法：抗眩晕操测试

测试地点：地板、草地或地面平整、质地较软的场地。画一条10米长的白线。

测试方法：受测者严格按照动作规范和节奏要求，在规定的时间内依次连续完成双腿连续纵跳、坐撑左右侧屈、圆背前后滚、仰卧左右侧滚、左右侧后滚、抱膝螺旋滚。完成后立即站起来并在无任何帮助的条件下，沿直线行走10米。测试员测量以受测者左右脚印的最外侧缘为准，测量其两脚印的左右最大偏离度不超过1米。

评价标准：

0度：能顺利直行10米，无不良反应。

1度：能行走10米，但不能完全沿直线行走，有轻微头晕、恶心、颜面苍白、微汗等。

2度：不能沿白线直行10米，有明显的头晕、恶心、呕吐、颜面苍白、大汗淋漓、肢体震颤、精神萎靡或不能坚持完成测试者。

只有0度为合格，1度与2度均为不合格。

## 二、测试方法二

方法：电动转移测试

测试器材：使用空军招飞电动转椅。

测试方法：受检者坐在转椅上，头直立靠在头托上，以2秒一圈（180度/秒）的角速度向左匀速旋转，旋转中闭目，随节拍器连续左右摆头（60度），1次2秒，共转45圈、90秒。根据转椅测试后30分钟后出现的前庭自主神经反应分为4度。

评价标准：

0度：无不良反应。

1度：有轻微头晕、恶心、颜面苍白、微汗等。

2度：有头晕、恶心、发热、颜面苍白、额部可见微细的冷汗珠、打战、呕吐等反应。

3度：有明显头晕、头痛、恶心、呕吐、颜面苍白、大量冷汗、肢体震颤和精神抑郁等反应。

2度或3度反应者为前庭自主神经反应敏感。

第六章

# 形体塑身训练与饮食

学习任务

让同学们认识到饮食与健康的关系，懂得正确饮食才能健康，明白饮食与健康的必要性。引导同学们正确饮食。

追求形体美是人类永恒的话题，在任何民族中，没有比形体美更能使人感觉到柔性之美的了。他们塑造的形象令人沉醉。形体美不是一个简单的抽象物，要想把健康和美丽掌握在自己的手中，就必须了解和掌握形体美的相关知识，领会其真谛，从而科学美体。当然，作为即将走向民航岗位的我们，更要注重自己形体美的训练，无论是空中乘务岗位还是安全检查、贵宾接待岗位等，优美的形体曲线和健康的体魄是我们必须拥有的。那从接下来的这个章节中，你就能清楚地认识到，什么是健康的体魄，什么是完美的体型。怎样才能拥有优美的曲线？怎样去训练才能达到这样的标准？以及健康的饮食对保持体型的重要性等。

图6-1

# 第一节
# 自我体型评价

体型：是对人体形状的总体描述和评定。体型与人体的运动能力和其他机能、对疾病的易染性及其治疗的反应有一定的关系，因此，在人类生物学、体质人类学、医学和运动科学中受到注意。体型主要由遗传决定；而另一方面，包括人体对环境的适应和人的行为在内的后天影响也使体型发生一定范围内的变化。

体型是指人体结构的外在表现，具体讲就是人体的外形。它是一门艺术，包括体型、姿态等。构成人体运动体系的骨骼、韧带和肌肉间的协调配合，便产生身体丰富优美的动态。

曼妙的体态、婀娜的身姿，不仅能提升自信与魅力，也能吸引众人羡慕的目光。如果体态上有很多毛病，比如脊椎侧弯、弯腰驼背、腹部肥胖、臀部松垮、手臂瘫软、走路邋遢等情况，即使体重数字并不高，穿上再高档的衣服，妆画得再精细，也是没有美感的。然而什么样的体型才算是优美呢？衡量人体体型美的主要因素包括均衡、对称和曲线；姿态美则包括人体本身的静态美和动态美，具体表现在站、立、行走、卧四个方面。人体只有在四肢躯干、头部及五官的合理配合下，才能显示出姿态优美、体型匀称的整体美。

体态并不完全等于身材。身材基本上是先天的，高矮以及骨骼发育的状况等，是与生俱来无法改变的；而体态则是可借助于后天的训练培养而来，所以身材好未必体态好。天生身材不好的人，通过训练也是可以改善的，同时也能获得良好的体态。我们每一个人都可以在自己先天的自然条件基础上，去寻找形体的最佳状态。

作为一个优秀的民航准空乘人员，首先必须对自己的体型有一个准确的评价，根据自身的不足进行及时的弥补和纠正，只有真正解了自己的体型才能对自己的身体进行有计划的塑身，避免不健康的减肥对身体带来的伤害。从而达到自己想要的体型。下面我们来看看这几种体型的特点：

具体来说，人体体型可以分为5大类：西洋梨型、葫芦型、洋葱型、全身肥胖型和大木瓜型。

人体体形分类及特征：西洋梨型（见图6-1-1）

特点：这种体型的人下半身臃肿，腹部因脂肪集中像小球，臀部平宽且有浮肉下垂，大小腿肥胖。西洋梨型是东方女性最常见的体型，尤其是上班的女性居多。

瘦身要点：应注重雕塑下半身的曲线，要加速深层脂肪的分解和排毒。

人体体形分类及特征：葫芦型（见图6-1-2）

特点：胸部丰满、腰细、臀部肥厚。听起来，这种体型应是最完美的身材，但是过大的臀部和骨盆，太丰满且下垂的胸部，使整个体型显得夸张，而且美感尽失。

瘦身要点：强化脂肪分解，缩减臀部、大腿外侧和腋窝周围的尺寸。

人体体形分类及特征：洋葱型（见图6-1-3）

特点：腹部大又硬，腰身高，胃部以下脂肪厚且集中，犹如“水桶”，整体看也像一个洋葱。这种体型多是中年人，从事静态工作，长时间坐着，无形中就“坐大”了身体的中部。

瘦身要点：着重脂肪分解燃烧，缩腹减腰，修饰大腿内外侧。此外，还须安抚精神紧张，进而放松紧绷的肌肉。

人体体形分类及特征：全身肥胖型（见图6-1-4）

特点：前三种体型是局部性肥胖，此体型就是“全面型肥胖”。骨架大，全身粗

图6-1-1　西洋梨型

图6-1-2　葫芦型

图6-1-3　洋葱型

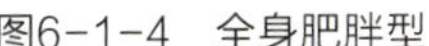
图6-1-4　全身肥胖型

图6-1-5　大木瓜型

壮，手臂和大小腿均有浮肉，体型凹凸不平，看起来像个大青椒。这种体型的人，代谢机能差，活动量少，血液和淋巴循环不佳。

瘦身要点：加速热量消耗，全面性修饰周身曲线，重现活力。

人体体形分类及特征：大木瓜型（见图6-1-5）

特点：它的体型特征是手臂及下腹部松弛下垂，肌肉弹性差，妊娠纹和肥胖纹横布全身，松垮的浮肉如同一个熟透的大木瓜，多见于更年期或产后肌肤松弛的女性。

瘦身要点：强化弹性组织、结缔组织支撑力，先减轻体重，加强代谢，再修饰全身曲线。

什么是肥胖

肥胖在我国是一种社会慢性疾病，是指机体内热量的摄入大于消耗，造成体内脂肪堆积过多，（中医认为，体内的淤气、淤血、淤脂无法正常代谢体外导致体重超常）实测体重超过标准体重，但＜20%者称为超重，肥胖病是指单纯性肥胖，即除外内分泌代谢病为病因者。肥胖可见于任何年龄，40—50多岁多见，女多于男，女性脂肪分布多以腰、臀部、四肢为主，男以颈及躯干为主。但是作为18—25岁的青年很容易因为作息时间不规律而导致肥胖。

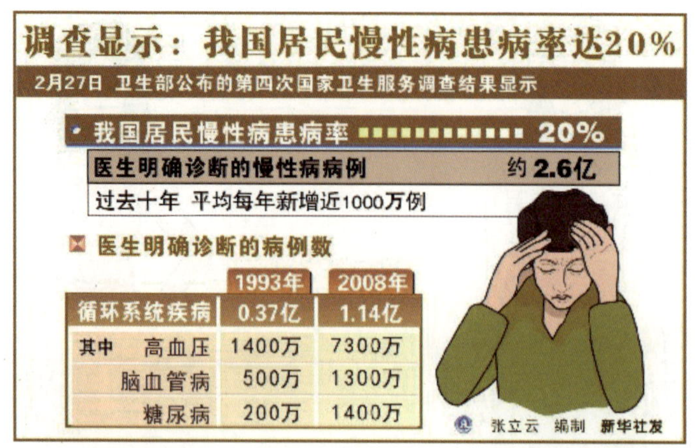


图6-1-6

导致肥胖的原因：

（1）暴食型肥胖：这种人如能强制地控制饮食，可暂时将体重降下来，一旦控制不住饮食时，体重又会反弹回来，而且有可能比以前还要胖。

（2）生育型肥胖：产后妇女体重超出正常范围20%~50%，在医学上称为生育型肥胖。

（3）职场型肥胖：这类人群工作忙、压力大、运动少，因“元气”不足压力过大，而导致胃、肠、肝等消化机能下降，代谢异常，有食欲不振，吃饭不规律，爱吃零食的表现。

（4）水肿型肥胖：又被称为“痰温内蕴肥胖”。臀部和大腿浮肿，也就是所说的“下身肥胖”的人，这就是证明身体排水的功能较差，多余的水分在体内积聚所造成的肥胖。

（5）中年型肥胖：人进入中年后，因器官代谢机能下降，热量消耗随之减少，由此积攒下来的脂肪会堆积于腹、臀和大腿等处，另外事业、家庭趋于稳定也会造成“心宽体胖”。

当然作为民航企业员工的我们，必须要远离肥胖。以上肥胖的介绍，只是让大家对肥胖有一些了解，做好预防，塑造健康的体魄。那么，判断一个人是否肥胖并不是一件十分简单的事情，它不像个子高低可以用皮尺丈量便知分晓。单靠称体重还是解决不了这个问题。我们发现通常人长得高体重就重，长得矮体重就轻，体重与身高存在着极其密切的关系。也就是说，每个不同身高的人都有与之相称的体重才对。接下来请各位对照以下的表格，找到属于自己正常的体重。

如下表：

| 男 | | | 女 | | |
|---|---|---|---|---|---|
| 身高（cm） | 体重均值（kg） | 体重范围（kg） | 身高（cm） | 体重均值（kg） | 体重范围（kg） |
| 170 | 63.6 | 60.7~66.5 | 160 | 52.5 | 49.8~55.2 |
| 173 | 65.7 | 62.5~68.8 | 163 | 54.1 | 51.1~57.0 |
| 175 | 67.5 | 64.3~70.6 | 165 | 55.7 | 52.5~58.8 |
| 178 | 69.3 | 66.1~72.4 | 168 | 57.7 | 54.3~61.1 |
| 180 | 71.3 | 67.9~74.7 | 170 | 59.5 | 56.1~62.9 |
| 183 | 73.4 | 69.7~77.0 | 173 | 61.3 | 57.9~64.7 |
| 185 | 75.4 | 71.5~79.2 | 175 | 63.1 | 59.7~66.5 |
| 188 | 77.4 | 73.3~81.5 | 178 | 65.0 | 61.6~68.4 |

## 思考与练习

1. 对照以上几种体型，确定自己属于哪一种体型。
2. 对照体重表，调整自己的体重。

# 第二节
# 如何制订训练计划

在制订计划之前我们先来了解一下什么是肥胖，以及计算体重的公式，以便日后科学地测量自己的体重，从而制订完善的训练计划。

要想知道自己或某一个人是不是肥胖，该不该减肥，首先应掌握判断肥胖的方法。目前判断肥胖的方法主要分为两大类，其中一类是身体测量法，主要包括标准体重法和身体质量指数法等。前面已经讲过肥胖是体内脂肪过多，以体重判断肥胖是不够科学的。那么一个人的体重怎样才算标准？下面介绍两种常用的方法，只要测量出你的身高，就可以根据公式算出标准体重：

1. 标准体重计算方法：

标准体重（千克）约等于身高（厘米）- 100

如果身高在155厘米~165厘米，应该减去100；身高在166厘米~175厘米，应该减去105；身高在176厘米~185厘米，应减去110。

例如：身高160厘米，减去100，标准体重应该是60千克。身高170厘米，减去105，标准体重应是65千克。

2. 标准体重指数法：

标准体重（千克）= 身高（米）× 22

例如：身高170厘米，标准体重 = 1.70 × 22，为63.58千克。

肥胖与消瘦，不仅对健美有很大的影响，而且会引起很多种疾病。高血压、冠心病、糖尿病、动脉硬化都与肥胖有关。人体过于消瘦，皮下脂肪含量过少，会引起内脏下垂、月经不调等多种疾病。可通过以下计算法得知自己是否肥胖或消瘦。

$$肥胖度（\%）= \frac{实际重量（千克）- 标准体重（千克）}{标准体重（千克）} \times 100\%$$，如果肥胖度不大于10%，体重属正常范围。大于10%属轻度肥胖；大于30%属重度肥胖；大于40%属极度肥胖。反之，小于10%属于轻度消瘦；小于20%属中度消瘦；小于30%属重度消瘦；小于40%属极度消瘦。

3. 体重指数法：

体重指数（BMI）= 实际体重（千克）÷ 身高（米）

体重指数在20以下，身体偏瘦；指数在20~24，体重正常；指数在24.1~26.5时身体偏胖；指数在26.6以上时，则属于肥胖了。例如：某女身高为160米，体重为65公斤，计算公式：BMI = 65 ÷ 1.60 = 65 ÷ 2.56 = 25.39，体重指数为25.39，身体属于偏胖。

如下表：

| 身高 / 体重 | 155（cm） | 160（cm） | 165（cm） | 170（cm） | 175（cm） | 180（cm） | 185（cm） | 190（cm） |
|---|---|---|---|---|---|---|---|---|
| 45 kg | 44 | 44 | 44 | 44 | | | | |
| 50 kg | 44 | 44 | 44 | 46 | 46 | | | |
| 55 kg | 44 | 44 | 46 | 46 | 48 | 48 | | |
| 60 kg | 46 | 46 | 46 | 48 | 48 | 50 | 50 | |
| 65 kg | 46 | 46 | 48 | 48 | 50 | 50 | 52 | 52 |
| 70 kg | 46 | 48 | 48 | 48 | 50 | 52 | 52 | 54 |
| 75 kg | 48 | 48 | 50 | 50 | 50 | 52 | 54 | 54 |
| 80 kg | 48 | 50 | 50 | 52 | 52 | 52 | 54 | 56 |
| 85 kg | 50 | 50 | 52 | 52 | 54 | 54 | 54 | 56 |
| 90 kg | 50 | 52 | 52 | 54 | 54 | 56 | 56 | 56 |
| 95 kg | | 52 | 54 | 54 | 56 | 56 | 56 | 56 |
| 100 kg | | | | 56 | 56 | 56 | 56 | 56 |

表6-2-1

### （一）提倡有氧运动

增加运动与控制膳食是不可缺少的主要措施。提倡采用有氧运动，有氧运动多为运动型的，例如：走路、骑车、爬山、打球、慢跑、跳舞、游泳、划船、滑冰、滑雪及舞蹈等。这些运动都有大肌肉群参与其中，如：股四头肌、肱二头肌等。因为中等或低强度的运动可持续的时间长，可以增加能量代谢。不同的运动消耗的能量区别很大，剧烈运动时的热量可达40%，每天的运动量和时间应按减体重目标计算。

坚持有氧运动对学生的身心健康的益处有以下几点：

1. 可增加血液中红血球、白血球和血红蛋白，使身体的营养水平、代谢功能得到提高。

2. 可使血管富有韧性，并使肌肉中的毛细血管网增多、肌肉变得丰满而结实。

3. 增加肺活量，对呼吸系统有良好的影响。

4. 使心肌强壮，心腔容量增大，血管弹性增强，进而提高心脏的收缩力和血管

图6-2-1

舒张力，使心搏有力。

5. 坚持适当的有氧运动，如健身操锻炼，可使心率适度降低，这样心脏就会得到更多的休息。

6. 能增加骨骼密度，有效地防止钙损失，防止骨质疏松。

7. 有利于降血压、降血脂和控制血糖，是最科学的减肥术。

8. 提高肌肉弹性、伸展性和协调性。

9. 改善不良情绪。

### （二）调整饮食时间

图6-2-2

吃饭时间的选择对体重的控制有密切关系。研究表明，人体新陈代谢最旺盛的时间是8：00—12：00时，如果避开上述时间吃饭，就能够达到一定的减肥效果。这是因为胰岛素的分泌量到傍晚达到最大限度，使脂肪大量沉积。因此，晚上进食不能超过一天食量的30%，而早上至少要达到35%。美国著名医生罗纳尔・卡迪指出“吃饭时间的选择，对于体重的增加或减少来说，要比人体摄入食物的数量和质量更重要”。如果将人的新陈代谢活动在一天的各个时间提前，就可以在不减少或降低食物质量的情况下减肥。最明显是，1周可减少0.45千克体重。

（三）饭前吃水果

美国一些研究人员发现，如果在饭前30~40分钟先吃一些水果或饮用1杯果汁，便能毫无痛苦地降低体重，其原因有3：

1. 饭前饮用果汁在进餐时吸收的热能比不饮用果汁要减少20%~40%；每餐摄取的热能若按这个幅度下降，减肥自然会速见成效。

2. 水果含的果糖能降低身体对热能的需求，进餐时吃进的食物就会减少。

3. 在食“餐前果”后，进餐时对脂肪性食物的需求都大大减少，间接阻碍了体内过多脂肪的堆积

图6-2-3

制订塑身计划目标的原则：

1. 针对性原则

每个人的体形状况各不相同，进行形体训练时，锻炼者要根据自己的实际情况科学地制订训练计划才能取得良好的效果。为了达到减肥塑身的成功，刚开始不能把目标定得太高而不切实际，要具有针对性。例如，一个体重70kg的人把最初的目标定为减掉体重的10%（即7kg），达到63kg就比较合理可行了。这样一来，既没有把目标定得太脱离实际而难以实行，又有可能第一次就减肥成功。突破第一关后，就可以制订第二阶段的减肥目标，减掉体重的20%。如果效果好的话，再考虑下一步的减肥目标是多少。因此我们可以对照上面的表格找出自己身高对应的体重数值作为减重的最终目标。我们所说的理想体重只不过是所有人共同的大致目标，而不是每一个人减肥的确切目标。但是，作为即将走向民航岗位的我们，必须要按照民航员工的标准来要求自己的体重。

图6-2-4

2. 循序渐进的原则

人的形体塑造有一个变化的过程。训练负荷的安排要由易到难、由简到繁、由小到大地逐步提高，从而使形体始终朝着自己理想的方向发展。但是，并不是所有的人都能够顺利地减肥成功。有些人一开始瘦身时运动量非常大，但体重却无法减下来；也有的人因效果不好而灰心丧气放弃减肥。所以说，在减肥前，你一定要依据科学的数据给自己一个明确的目标，合理安排运动计划，不做过高而无序的运动量，一点点的循序渐进的减肥方法才是可行的。切记要做到坚持二字。

3. 全面性原则

人体是一个有机的整体，各器官系统的机能是有机地联系在一起的。锻炼者的训练内容与手段要相结合，多样性和全面性要相结合，才能使身体机能全面增强，形体才能更加完美。

4. 不间断原则

人的形体变化不是一朝一夕的事，也不是一劳永逸之功，而是长时间训练量的积累，是坚持不懈的结果。那些依靠节食、减肥药等迅速瘦身的减肥方法只是让人呈现出脱水的状态，那样的减肥是不科学的，不健康的。所以说，合理地搭配饮食，有计划的训练才是减肥最好的方法，贵在坚持是每一位形体塑造者都要牢牢记住的。

## 思考与练习

根据上述内容，认清自己现在的体型，根据要求，制订出一份详细的塑形计划书。

# 第三节
# 塑身的三大要素

饮食、运动、生活习惯，这是减肥的三要素，缺一不可。各位想要或者正在减肥的朋友，不努力做到这三点，身材是很难保持的，虽然很艰难，但只要相信，咬紧牙关，坚持下去，一定能成功。

## 一、合理饮食

合理的饮食、均衡的营养对于保持身体健康至关重要。在减肥过程中，过度节食并不可取，正像网络上说，"不吃饱饭哪有力气减肥"，一日三餐有规律，不要吃过于油腻的食物，减少脂肪堆积，粗细搭配才能保证营养均衡。

图6-3-1

1. 每天保证足量的谷类摄入，粗细搭配；

2. 建议成人每天吃新鲜蔬菜300~500克，最好深色蔬菜占一半；

3. 每天吃新鲜水果200~400克；

4. 每天坚持饮奶300克或相当量的奶制品（酸奶300克、奶粉40克）；

5. 常吃适量的鱼（每天75~100克）、蛋（25~50克）、禽和瘦肉（50~75克）；

6. 多吃大豆及其制品，每天摄入40克大豆或其制品；

7. 控制烹调用油，每人每天烹调用油摄入量不宜超过25克或30克；

8. 限制盐摄入，健康成年人一天食盐（包括酱油和其他食物中的食盐量）摄入量不超过6克；

9. 坚持一日三餐，进餐定时定量，切忌暴饮暴食；早餐吃好，午餐吃饱，晚餐适量。

10. 足量饮水，合理选择饮料；

## 二、适当运动

对于减肥的人来说，消耗脂肪是最终的目标，传统方式是增加运动量。适当运动可以加速血液循环，增强代谢，但现代人生活节奏快，缺乏锻炼时间已是不争的事实，但每天晚上饭后散步半个小时应该还是可以做到的。适量运动是保持脑力和体力协调，预防、消除疲劳，防止亚健康、延年益寿的一个重要因素。

怎样才算适当运动?

国际医学界推荐的可以对健康产生积极影响的体力活动量为：每周活动3次以上，每次持续30分钟以上，强度为中等。不同的人可根据自己的身体状况选择适宜的运动量。运动量是否适宜可根据下述表现制定：

1. 锻炼后有微汗、轻松舒畅感，脉搏10分钟内恢复，饮食、睡眠良好，次日体力充沛，说明运动量适当；

2. 锻炼后大汗淋漓、头昏眼花、胸闷胸痛、心悸气短、饮食、睡眠不佳，脉搏15分钟内不恢复甚至整天比前一天快，次日感到周身乏力、缺乏运动欲望，则表明运动量过大；

3. 运动后身体无发热感，脉搏无明显变化，并在3分钟内恢复，说明运动量不足。

工作繁忙的你，只要意识到体力活动的益处，做个有心人，在日常生活中做到适量运动并不难。在家可以进行的体力活动：进行扫地、抹窗等家务活动；晚餐后外出散步半个小时；下班回家提前2站下车，步行回家；回家不乘电梯，走楼梯；跟着电

图6-3-2

视运动节目做10分钟的体力活动。在工作时可以进行的体力活动：在电脑前工作时，不时转动肩或者脖子；每工作1小时，站起来运动10分钟；同事之间把开展某些体力活动作为工作之余的一项共同爱好。中国居民平衡膳食宝塔建议成年人每天进行相当于步行6000步以上的身体活动，如果身体条件允许，最好进行30分钟中等强度的运动。

## 三、生活方式

此前的三点要素都是健康减肥的组成部分，想要从根本上确保减肥的健康与安全，还需要从生活的一点一滴做起，养成良好的生活方式，将生活中的每一个细节都融进健康的理念。坚持一段时间以后，你就会发现“轻松减肥”将不再是一句口号。

热能减少的原因：

一个人只有当摄入的热能和消耗的热能相等时，机体才会维持正常的脂肪含量，假如摄入的热能并不比一般人多，但热能的消耗减少，也会造成热能相对过剩。

导致脂肪蓄积，使人肥胖。热能消耗减少的原因，主要有以下几方面：

图6-3-3

1. 体力活动减少：随着社会的发展，机械化生产把人们从繁重的体力劳动中解放出来，使体力劳动的人逐渐增多，这些人的热能消耗显著小于中等劳动和重体力劳动者。所以，体力活动少是这类人群肥胖的主要原因。

图6-3-4

2. 贪睡：睡眠时机体消耗热能很少，如果睡眠时间多，消耗热能必然减少，多余的热能只能变成脂肪在体内储存起来。贪睡往往使人肥胖，肥胖的人更容易贪睡。这样下去形成恶性循环，使人更胖。因此，贪睡是引起肥胖的重要因素。

图6-3-5

3. 年龄变化：维持生命活动所消耗的热能随着年龄增长而递减。16岁以后，由于生长停止，维持生命活动所消耗的热能逐渐下降，40岁时下

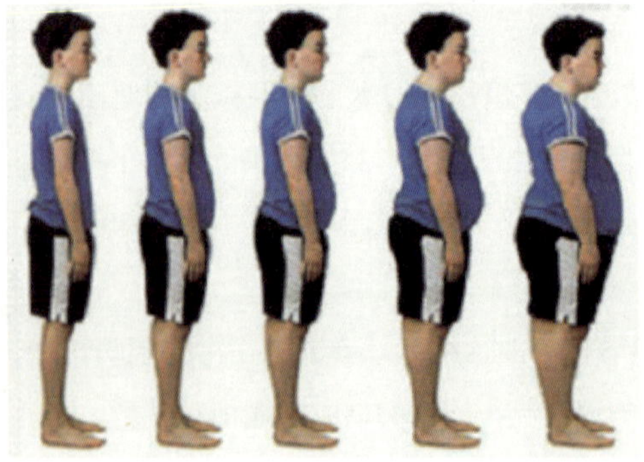
图6-3-6

图6-3-7

降速度加快，到70岁时降低30%。人到中年以后，体力活动逐渐减少，热能消耗也随之减少，如不及时控制热能的摄入，则会出现肥胖。有的人30岁后明显发胖，就是这个原因。

## 思考与练习

1. 写一篇文章，题目为《怎样理解职业塑形练习》，字数要求在800~1000字。

2. 认真思考怎样成为一名标准的职业人，面对今后的就业面试，在塑形这一章中你学到了什么？你应该做些什么准备。

# 第四节 健康饮食

图6-4-1

图6-4-2

图6-4-3

利用运动减重，的确能达到不错的塑身效果，但运动必须搭配均衡且正确的饮食，才不至于因此而对身体造成伤害。

运动前，那些食物最合适？运动后，该怎么吃才不发胖？以下提供给你简单又聪明的运动饮食法则，遵循此法则，必然能规划一套健康又均衡的运动饮食计划。

运动 + 控制饮食 = 减重效果加倍

1. 运动前多摄取高碳水化合物 — 多糖类且低脂的食物

运动前一到两个小时应该吃一定分量的碳水化合物的食物，因为这类食物容易被身体消化，并迅速提供运动时身体所需的能量。不建议运动前吃高脂肪食物，因为这些食物需要较长的时间才能被消化。

2. 运动后应立即补充低脂蛋白质的食物

根据国外研究证实，运动后肌肉会释放受损信息，促使有利于身体健康的营养素如蛋白质、维生素、钙、铁等前往进行修复。如果运动后1小时后才进食，肌肉受损信息就会减缓，营养素容易转化成脂肪储存。

至于运动后应该要补充哪些营养素呢？最佳的选择是蛋白质，既可修复肌肉，更可补充流失的水分。其中，蛋白质由20多种氨基酸组成，是构成肌肉组织的原料，运动后补充有利于肌肉生成、代谢及修复。

因此，想减重的朋友不妨在运动后，选择补充富含植物性蛋白质的低糖高纤豆浆，既是优质蛋白，又可大幅度地摄取低脂肪；既可以帮助肌肉修复，又可提高饱腹感。

图6-4-4

3. 运动前、后应多补充具抗氧化且富含维生素 C、维生素E的食物

运动前、后应多补充具抗氧化且富含维生素C、维生素E的食物主要是用来对抗运动时因耗氧量增加而产生的"自由基"。身体里产生过多的"自由基"，长期下来容易破坏细胞引发退化症状，如血管脆弱、皮肤松弛等。因此减重时应多摄取高纤维的蔬菜水果，蔬菜水果不仅含有膳食纤维，也含有抗氧化营养素。

此外，具有抗氧化作用的食物，还包括大豆或其制品。大豆内含的大豆异黄酮，可以避免骨质流失，具备良好的抗氧化能力，避免皮肤细胞受自由基攻击加速老化，是减重期间善加利用的食物。

图6-4-5

4. 运动前、中、后，都要适时适量补充水分

运动时会产生大量的汗水，丧失许多的水分，因此，运动前后最重要的就是补充水分，因为人体需要水来调节体温，避免脱水现象等。

通常，在室内活动1小时内，喝一般纯净水即可；如果是在户外，温度超过26摄氏度、时间超过1小时、大量流汗，建议可以补充含电解质的运动饮料（含钠、钾能补充水分，平衡身体的酸碱值）。

当运动后体重减轻、口干舌燥、排尿减少、尿液颜色深时，这就是身体缺水的警讯。应该要立即补充水分，一直到不再口渴或尿液颜色变淡为止。

至于要补充多少水分？最简单的方式就是测量运动前后的体重差异。如果运动后体重下降1千克，就应该补充约1升的水。

千万记住，运动后一定避免喝含有酒精的饮料，以及含有过量咖啡因的饮料，因为这会使人更加口渴，加速身体脱水的现象。

5. 运动前饮食帮你补足元气

运动前应该补充哪些营养素呢？可以提高运动效果，增加脂肪燃烧，也能避免因为饿着肚子运动，导致血糖过低，引发更加大的食欲，吃进更多热量。

（1）挑选复合型碳水化合物及优质蛋白质：补充活力，提高运动效能。前者如五谷根茎类；后者如植物性蛋白质，如大豆。

（2）挑选低GI食物：稳定血糖，提供饱腹感。比如糙米饭、全麦谷物，或市场上销售的大豆营养棒是不错的营养选择。

（3）避免煎、炸食品及内脏等高油脂食物：热量过高，消化吸收时间较长，不利于肌肉的血液循环。

（4）进食一小时后，再运动，避免引起胃痉挛和胃痛。

6. 运动后饮食帮你活力再现

运动后应该补充哪些营养素呢？可以帮助能量恢复与肝糖再生，减少肌肉受伤，提高新陈代谢。

（1）挑选高纤维低GI的食物：可以达到增加饱腹感，降血脂促进排便的效果。比如蔬菜水果、地瓜等。

（2）挑选富含氨基酸的植物性蛋白质：减少肝脏负担及肌肉受损，促进体内蛋白质的合成，帮助肌肉建造，有助于提高基础代谢率，加速新陈代谢。例如豆类或豆制品。

图6-4-6

（3）避免精制糖、高油脂的食物：可避免三高（高血压、高血脂、高血糖）的形成，以及体重增加的问题。比如蛋糕、巧克力饼干、爆米花等。

（4）运动结束后1个小时内进食：至少要摄取300千卡，有助于能量恢复，不会增加脂肪的堆积。

做好饮食计划，让减肥变自然

不良的饮食习惯是指在饮食上存在不科学、不规律、不合理的膳食习惯。现代社会，人们已经没有时间自行准备餐食，只能利用方便的速食来饱腹。然而速食虽然方便，却因无法考虑到营养的均衡摄取，长期下来，可能会造成肥胖、营养失调等问题，更可能埋下乙肝、高血压、心脏病等心血管疾病的隐患。

其实，改变饮食和生活的坏习惯并不像你想象得那么困难，只要做点小计划，这些就会变成现实。这样，你会很快并且更加顺利地正确饮食，同时你对减轻体重所做的努力也走上了轨道。

计划会帮助你建立新习惯，没有计划，你就像无头苍蝇一样，抓不到适合自己的减重方法。特别是减肥后想保持体重是非常难的，成功减重的人肯定会有纪律性。成功的减重人士会把他们的每一天都计划好，以确保他们能遵循饮食计划和进行有规律的运动。要想在长期的减肥管理中取得成功，要努力才行。

目标一：计划好你的日常饮食

首先，记录下你一天内所吃的每一样食物，你将会发现你需要在哪里进行改进。食物的记录是你能做的最简单的事情了，你会对所做更加清楚；计划将监督你，并且在中途纠正你的错误。

目标二：保持简单

有人怕长胖，就会想去节食，但是有时候又管不住自己的嘴，所以每天保持一定量的锻炼，既可以强身健体，又可以吃上自己喜欢的食物。例如：你知道你会在晚上吃没有营养的东西，或者你会在下午三点后或在午饭和晚饭之间来点零食，在那个时段你就得做好记录，这样你就会很快地发现有问题的习惯。

目标三：提出详细的目标

你不能跟自己这么说：在早上8点后少吃点没营养的食物。应该更具体点：我要用蔬菜沙拉替代洋芋片。这样你就对你真正要做的事情不再疑问了。

目标四：考虑你的选择

把你喜欢的健康食品和膳食列个清单，并且做出相应的计划，专家建议规划五种不同的食品供早、中、晚餐选择；然后你就会有些自由——你能选择你喜欢的，但最重要的是你的饮食会更有结构性。

目标五：采购健康美味的食物

冰箱内准备一些健康的小吃或者准备对你有益的美味食物。比如低脂肪牛奶和优酪乳、鸡蛋、各种新鲜水果和蔬菜、大豆、大蒜、全麦面食面包、鱼和高纤维谷类食物。

运动塑身的4项错误观念

利用运动、伸展来塑造身材的人，通常是希望借此消耗热量，燃烧脂肪进而达到减轻体重，塑造美好身材的目的。但是你知道吗？错误的观念可能会适得其反，非但没有达到塑身减重的目的，甚至还导致运动伤害。

以下为你整理出一般人在进行运动减重时经常犯下的四项错误观点，检视一下自己究竟犯下哪几项，尽快改正观念，走向健康的减重之路。

错误观念1：想要燃烧体内脂肪，空腹运动最有效。

有不少人误以为，空腹运动可以帮助体内脂肪燃烧，其实不然。事实上，不吃东西就开始运动，对健康十分不利，没有吃东西的身体就像是缺乏燃料的车子根本无法发动，身体没有燃料，如何能维持身体的功能呢？

因此，运动前必须要进食才有体力，除了为身体补充水分之外，也可为肌肉补充热能，避免提早疲劳而影响运动成效。运动前饮食的原则主要是让身体摄取所需的能量和营养素，以及吃进的食物避免造成肠胃不适的问题。

习惯早上运动的人，请于运动前一小时吃早餐；习惯晚上运动的人，应该先吃完晚餐，餐后一小时再运动。没有吃饭就运动，很容易因为饥饿而出现额头冒汗，双手颤抖的状况。

错误观念2：已经用运动减重，就可以大吃大喝了。

你是不是认为“我每天都会运动，所以不需要控制饮食，可以尽情享受美食”呢？有些人会在运动后放纵自己大吃大喝，这样一来，体重不但不会下降，反而有飙升的可能性。

运动虽然可以提高身体的基础代谢率，但不忌口的暴饮暴食，仍无法抑制体重的飙升，试想，你每日慢跑半个小时，消耗约300卡的热量，却在一餐内吃下超过600卡的高热量食物，300卡减掉600卡，还多出无法消耗的300卡，这样连维持体重都不可能，怎么可能瘦下来呢？所以，运动前后一定要配合饮食控制，尽量挑选低油、低磷、低盐和高纤维的食物。

错误观念3：运动完后，不吃就会快速瘦。

不少人感叹，运动消耗的热量总是敌不过一餐的热量增加，因此，有些人在运动后，因为担心身材变胖，不想放弃辛苦运动所消耗的那么一点点热量。于是，即使身体已经连续发出多次饥饿的信息，还是不肯进食，坚持忍住饿着肚子。其实，这样长期下去，身体就会变得虚弱，肌肉会疲乏等，一旦忍不住饥饿感，就容易大吃大喝，不仅会复胖，还可能失控变得更胖。

这种做法是极其错误的！运动后不仅不可饿肚子，反而应该为身体补充营养，尤其是运动超过1小时时，更需要通过进食来补充因运动时大量流失的水分和电解质和身体所消耗的肝糖。

肝糖是运动时所需要的主要能量来源之一，存在于肌肉和肝脏中。运动时，肝糖会被以葡萄糖的形式释放到血液里，提供肌肉和身体其他器官所需要的热量，运动后，我们体内的肝糖存量会显著下降。由于运动后两个小时内身体合成肝糖的效率最高，所以应该趁机迅速补充体内消耗的肝糖，以维持身体动能的正常性。

错误观念4：体重下降不等于减肥成功。

许多减重者总误认为体重机上的数字下降，就等于瘦下来了，其实并不然。有可能只是排出身上的水分和废物而已，而这种减重是不正确的、不健康的，通常这类型的人也很容易复胖，甚至危害身体健康。

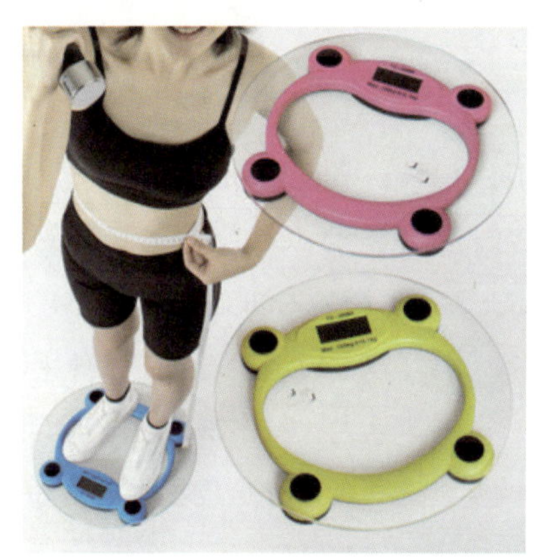

图6-4-7

如何评定增加的减重方式是正确无误的呢？除了体重数字下降，还要评估内脏脂肪、体脂肪率、皮下脂肪率、BMI、基础代谢是否都处于正常的理想范围内，这些数值可以前往一般减重或健康中心测得，或是购买市面上可作部位判定的体脂计作为减重小帮手，每天掌握自己的减重状况，并可适时调整瘦身计划，以达到健康瘦身不复胖的目标。

膳食结构：膳食结构是指膳食中各类食物的数量及其在膳食中所占的比重，由于影响膳食结构的这些因素是在逐渐变化的，所以膳食结构不是一成不变的，通过适当的干预可以促使其向更利于健康的方向发展。

有科学家提出了所谓合理膳食，金字塔的结构，这是1981年美国的营养学家首先提出来的，他认为一个合理的膳食结构，应该像这个金字塔这样，塔的基底层是薯类、谷类、干豆类，这一类要多吃，食物以多样谷为主，土豆、山药和红薯；第二层是蔬菜和水果适当多吃；第三层肉、蛋、奶、家禽、鱼、豆腐适量地吃，这一层是相对的，塔是越往上相对吃得越少，这个就很容易理解，塔尖是油、糖，这些能量食物要少吃，这个油类不仅包括动物性的油脂，也包括植物性的，适当地要少吃一些。

“中国居民平衡膳食宝塔”共分5层，利用各层位置和面积的不同，反映各类食物在每日膳食中的地位和应占的比重。其中，塔基为谷类薯类及杂豆250~400克、水

图6-4-8

1200毫升；第四层为蔬菜类300~500克、水果类200~400克；第三层为畜禽肉类50~75克、鱼虾类50~100克、蛋类25~50克；第二层为奶类及奶制品300克、大豆及坚果类30~50克；塔尖为油25~30克、盐6克。

科学饮食应结构均衡、营养平衡

专家认为，科学饮食应结构均衡、营养平衡，其蛋白质、脂肪、碳水化合物的比例要合理。碳水化合物提供的能量应占每天能量消耗的60%左右，脂肪占25%左右，蛋白质占15%左右。由此可见，碳水化合物在其中所占的比例是最大的。人们每顿都应补充粮谷类食物，早30%，晚30%，中午可以多补充一点，40%左右。

人体所需要的营养

人们在生命活动过程中需要不断地从外界环境中摄取食物，从中获得生命活动所需的营养物质，这些营养物质在营养学上称为“营养素”。人体所需的营养素有碳水化合物、脂类、蛋白质、矿物质、维生素，共5大类，其中营养素不在体内合成，而必须从食物中获得的，称为“必需营养素”。

其中包括9种氨基酸：异亮氨酸、亮氨酸、赖氨酸、蛋氨酸、苯丙氨酸、苏氨酸、色氨酸、缬氨酸、组氨酸；碳水化合物；7种常量元素：钾、钠、钙、镁、硫、磷、氯；8种微量元素：铁、碘、锌、硒、铜、铬、钼、钴；14种维生素：维生素A、维生素D、维生素E、维生素K、维生素$B_1$、维生素$B_2$、维生素$B_6$、维生素C、烟酸、泛酸、叶酸、维生素$B_{12}$、胆碱、生物素；加上水等，共计40余种。其中碳水化合物、脂类和蛋白质因为需要量多，在膳食中所占的比重大，称为“宏量营养素”；矿物质和维生素因需要得相对较少，在膳食中所占比重也较小，称为“微量营养素”；矿物质中有7种在人体内含量较多，叫做“常量元素”，有8种在人体内含量较少，称“微量元

图6-4-9

素”。这些营养素在体内有三方面功用：一是供给生活、劳动和组织细胞功能所需的能量；二是提供人体的“建筑材料”，用以构成和修补身体组织；三是提供调节物质，用以调节机体的生理功能。营养素有这三方面的作用，可见营养素是健康之本，是健康的物质基础。人体在生命活动过程中，都需要能量，如物质代谢的合成和分解反应、心脏跳动、肌肉收缩、腺体分泌等。而这些能量来源于食物。已知生物的能量来源于太阳的辐射能。其中，植物借助叶绿素的功能吸收利用太阳辐射能，通过光合作用将二氧化碳和水合成碳水化合物；植物还可以吸收利用太阳辐射能合成脂类、蛋白质。而动物在食用植物时，实际上是从植物中间接吸收利用太阳辐射能，人类则是通过摄取动、植物性食物获得所需的能量。动、植物性食物中所含的营养素可分为五大类：碳水化合物、脂类、蛋白质、矿物质和维生素，如果加上水，则为六大类。其中，碳水化合物、脂类和蛋白质经体内代谢可释放能量。三者统称为“产能营养素”或能源物质。

从肥胖的角度来讲，人体分成两个组成部分。一部分为非脂肪组织，包括骨骼、肌肉、体液等；另一部分为脂肪组织。我们平时所称量出的身体总量，实际上是这两种组织的重量总和。所以，一个人的体重超标，就可能存在两种情况，一种情况是非脂肪组织过多，引起的超标；另一种是脂肪组织过多，而导致的超标。非脂肪组织过多，就是骨骼和肌肉发达，是健壮的标志；肥胖是指脂肪组织过多，而不是非脂肪组织过多。所以健壮不等于肥胖，肥胖更不等于健壮。

图6-4-10

图6-4-11

图6-4-12

肥胖的原因

热能摄入过多。人的一切活动都需要消耗热能，这些热能来自产生热能的营养素，包括糖类，脂肪和蛋白质。含有生热营养素的食物在体内被消化吸收后，经酶的催化，进行一系列生化反应，能量从三大营养素中逐步释放出来，满足不同的生理的需要，如果有剩余，即转化为脂肪储存起来。体内脂肪蓄积过多，则形成肥胖。热能摄入过多，则形成肥胖。热能摄入过多的原因主要有以下几个方面

（1）贪食：笔者在大量人群调研中发现，肥胖者的胃口都很好，似乎对食物有特殊的感情，看见食物就会有强烈的进食欲望，进食量明显多于一般人。进食速度比一般人快，进食速度快也会促进摄入过多的食物。一般进餐后15~20分钟，大脑里的饮食中枢才会发出停止进食的信号。贪食的人在饮食中枢发出停止进食信号前就已经摄入大量食物，其热能明显超出了机体的正常需要。经常吃请赴宴的人，也会摄入过多热能，所以这些人中肥胖者较多。

（2）零食：喜欢吃零食导致肥胖，多见于儿童和女青年。现在我国的小食品及快餐的品种和数量极其可观，不论包装还是口感，大多数还是不错的。喜欢零食对身体无益。快餐大多是高脂肪、高盐、低

纤维素的食品，其热量有40%来自脂肪，纤维素含量很低。水果罐头盒饮料含有大量的蔗糖，有些罐头中的糖已经达到饱和或过饱和程度。各种糕点、加工精细的某些坚果类小食品，也只能向机体提供大量的脂肪和糖。深受儿童欢迎的巧克力、冰淇淋等也具有较高的热能。所以，这些食品都是致胖食品。

图6-4-13

（3）偏食：肥胖人偏食属于习惯性偏食，这些人主要是偏甜食和高脂肪食物。糖和脂肪都是生热营养素，脂肪又是产热的最高营养素，因此贪食的结果会是人体从饮食中摄入大量的热能，导致发胖。特别是喜欢高脂肪的中年人，其机体消耗热能随年龄的增长而不断下降，如果不有意识地控制食物摄入量，改变好吃油腻的不良饮食习惯，则更容易发胖。

图6-4-14

（4）饮酒：有人认为饮酒与肥胖无关，其实有很多成年男性的肥胖是由饮酒引起的。酒精是一种产热能很高的物质，每毫升酒精产热能29千焦（7千卡），仅次于脂肪。酒精只能向机体提供热能，并无其他营养作用。啤酒含酒精虽然很低，一般在3%~5%，但啤酒产热很高，1升12度的啤酒可以产生1380千焦（330千卡）的热能，素有“液体面包”之称。同时啤酒中的啤酒花素可刺激胃黏膜，促进食欲，使人食量增加。所以，常喝啤酒容易使人发胖。

常吃适量鱼、禽、蛋、瘦肉

鱼、禽、蛋、瘦肉等动物性食物是优质蛋白质、脂类、脂溶性维生素和矿物质的良好来源，是平衡膳食的重要组成部分。动物性蛋白质的氨基酸组成更适合人体需要，且赖氨酸和蛋氨酸含量较高，与谷类或豆类食物搭配使用，有利于补充植物蛋白质中赖氨酸的不足。动物肝脏含维生素A极为丰富，还富含维生素$B_{12}$、叶酸等。

推荐成人每日摄入量：

鱼虾类：50~100g，畜禽肉类50~75g，蛋类25~50g。

图6-4-15

鱼：脂肪含量一般较低，且含有较多的不饱和脂肪酸，有些海产鱼类富含EPA和DHA，对预防血脂异常和心脑血管疾病有一定的作用。

禽类：禽类为鸡鸭鹅等两肢类动物，脂肪也比较低。在法国西南部加斯科尼地区，人们由于长期食用肥鹅肥鸭的脂肪，心血管病发病率反而大大低于欧美其他国家。

蛋类：富含优质蛋白质，经济的优质蛋白质来源。

畜肉：脂肪高，能量高，但瘦肉脂肪含量较低，铁含量高且利用率好。但是肥肉和荤油高能量，高脂肪，摄入多会引起肥胖，并且是引起某些慢性病的危险因素，应当少吃。

健康饮食应该遵循饮食六宜

宜早：人体经一夜睡眠，肠胃空虚，清晨进些饮食，精神才能振作，故早餐宜早。

宜缓：吃饭细嚼慢咽有利于消化，狼吞虎咽，会增加胃的负担。

宜少：人体需要的营养虽然来自饮食，但饮食过量也会损伤胃肠等消化器官。

宜淡：饮食五味不可偏亢，多吃淡味，于健康大有好处。

图6-4-16

宜暖：胃喜暖而恶寒。饮食宜温，生冷宜少，这有利于胃对食物的消化与吸收。

宜软：坚硬之物，最难消化，而半熟之肉，更能伤胃，尤其是胃弱年高之人，极易因此患病。所以煮饮烹食须熟烂方食。

1. 如何选择动物性食品？

鱼、禽类首选，提倡吃瘦肉，鸡蛋每日正常成年人吃一个，动物肝脏中脂溶性维生素如维生素A、维生素D、维生素E、维生素K等。B族维生素如维生素$B_1$、$B_2$、$B_6$、$B_{12}$等和微量元素含量丰富，适量使用可改善我国居民营养欠佳情况，但是脑、肾、大肠等含有大量胆固醇和脂肪酸，大量食用有升高血脂的危险。

2. 饱和脂肪酸与人体健康

饱和脂肪酸摄入量明显影响血脂水平。有证据表明，血脂水平升高，特别是血清胆固醇水平的升高是动脉粥样硬化的重要因素，而膳食中饱和脂肪酸则是使血清胆固醇升高的主要脂肪酸。

以上跟大家介绍了科学、健康饮食的一些小知识，让我们对人们身体中所含的基本元素有了一定的了解。那么怎样才能养成一个良好的饮食习惯和生活习惯呢？尤其对于塑形者来说，想要有一个优美的体形，光靠节食减肥是做不到的。因为一个优美的体形不仅是视觉上感觉很好，对于气质、精神、健康来说也是尤为重要的，所以在你充分了解科学健康饮食的时候就会明白必须要做好健康的膳食配上持之以恒的运动才是塑形好的办法，也是我们达到塑形最终目的最有力的保障。

图6-4-17

## 思考与练习

结合以上健康饮食内容，作为一名塑形者，请为自己制订一个健康饮食计划，并长期执行。